本書の特色と使い方

とてもゆっくりていねいに、段階を追った読解学習ができます。

・一シートの問題量を少なくして、ゆったりとした紙面構成で、読み書きが苦手な子どもでも、ゆっくりていねいに段階を追って学習することができます。
・漢字が苦手な子どもでも学習意欲が減退しないように、問題文の全てをかな文字で記載しています。

児童の個別学習の指導にも最適です。

・文学作品や説明文の読解の個別指導にも最適です。
・読解問題を解くとき、本文を二回読むようにご指導ください。その後、問題文をよく読み、本文から答えを見つけます。

光村図書・東京書籍・教育出版国語教科書などから抜粋した物語・説明文教材、ことば・文法教材の問題などを掲載しています。

・教科書掲載教材を使用して、授業の進度に合わせて予習・復習ができます。
・三社の優れた教科書教材を掲載しています。ぜひご活用ください。

どの子も理解できるよう、長文は短く切って掲載しています。

・長い文章の読解問題の場合は、読みとりやすいように、問題文を二つなどに区切って、問題文と設問に[1]、[2]…と番号をつけ、短い文章から読みとれるよう配慮しました。
・読解のワークシートでは、設問の中で着目すべき言葉に傍線（サイドライン）を引いておきました。
・記述解答が必要な設問については、答えの一部をあらかじめ解答欄に記載しておきました。

学習意欲をはぐくむ工夫をしています。

・できるだけ解答欄を広々と書きやすいよう配慮しています。
・内容を理解するための説明イラストなども多数掲載しています。
・イラストは色塗りなども楽しめます。

ワークシートの解答例について（お家の方や先生方へ）

本書の解答は、あくまでもひとつの「解答例」です。お子さまに取り組ませる前に、必ず指導される方が問題を解いてください。指導される方の作られた解答をもとに、お子さまの多様な考えに寄り添って〇つけをお願いします。

もっと　ゆっくり　ていねいに学べる

読解ワーク　基礎編

（光村図書・東京書籍・教育出版の教科書教材などより抜粋）

もくじ　1－①

ひらがな …… 4

詩　おはなし　せつめい文

うたに　あわせて　あいうえお …… 14
あさの　おひさま …… 17
はなの　みち …… 18
くちばし …… 19
おむすび　ころりん …… 21
うみの　かくれんぼ …… 24
かぞえうた――かずと　かんじ …… 26
あめですよ …… 30
さとうと　しお …… 31
とん　こと　とん …… 33
どう　やって　みを　まもるのかな …… 34
おおきな　かぶ …… 36
おおきな　かぶ（全文読解） …… 43
あるけ　あるけ …… 44
おおきく　なあれ …… 46
ちいさい　ⓨⓤⓨⓞ／こんな　こと　したよ …… 48
かいがら …… 49
すずめの　くらし …… 52
だれが　たべたのでしょう …… 54

ことば

「゛」「゜」の　つくじ …… 56
しりとり——ことばあそび …… 58
ことばみつけ——ことばあそび …… 59
ぶんを　つくろう——「○○が　△△△。」 …… 60
くっつきの「は」 …… 63
くっつきの「を」 …… 66
くっつきの「へ」 …… 69
くっつきの「は」「を」「へ」——まとめ …… 72
ちいさい「っ」 …… 75
のばす　おん …… 78
ちいさい「ゃ」「ゅ」「ょ」 …… 87
ことばあそびうたを　つくろう …… 99
かんじの　はなし …… 102
解答例 …… 105

あ あ あ
い い い
う う う
え え え
お お お
か か か
き き き
く く く
け け け
こ こ こ

と	て	つ	ち	た	そ	せ	す	し	さ
と	て	つ	ち	た	そ	せ	す	し	さ
と	て	つ	ち	た	そ	せ	す	し	さ

ほへふひはのねぬにな
ほへふひはのねぬにな
ほへふひはのねぬにな

ままま
みみみ
むむむ
めめめ
ももも
ややや
ゆゆゆ
よよよ

ららら
りりり
るるる
れれれ
ろろろ
わわわ
ををを
んんん

わ	ら	や	ま	は	な	た	さ	か	あ
	り	(い)	み	ひ	に	ち	し	き	い
を	る	ゆ	む	ふ	ぬ	つ	す	く	う
ん	れ	(え)	め	へ	ね	て	せ	け	え
	ろ	よ	も	ほ	の	と	そ	こ	お

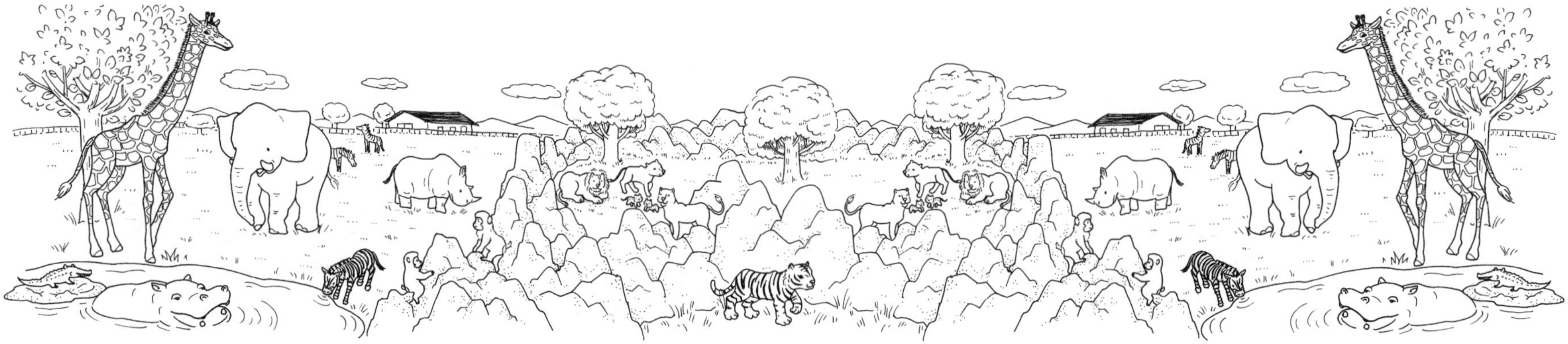

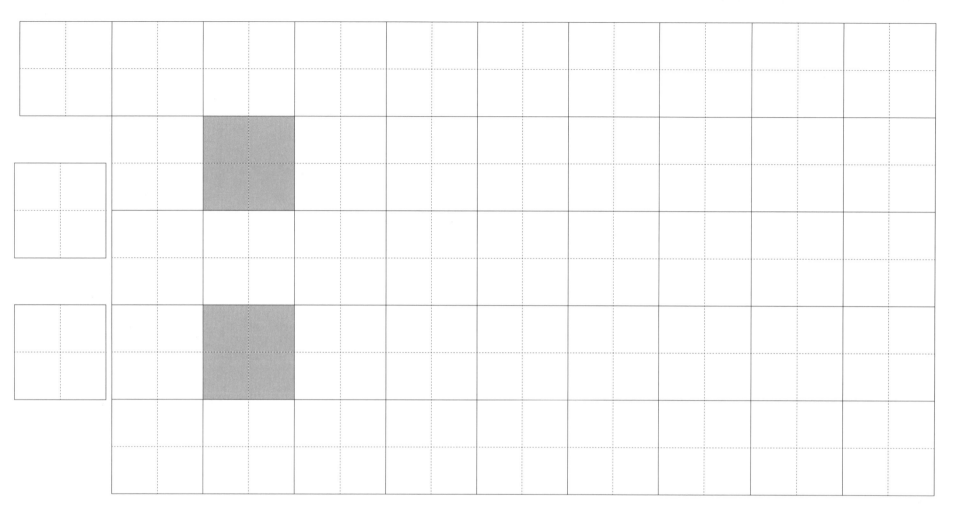

ががが
ぎぎぎ
ぐぐぐ
げげげ
ごごご
ざざざ
じじじ
ずずず
ぜぜぜ
ぞぞぞ

ぼべぶびばどでづぢだ

ぼべぶびばどでづぢだ

ぼべぶびばどでづぢだ

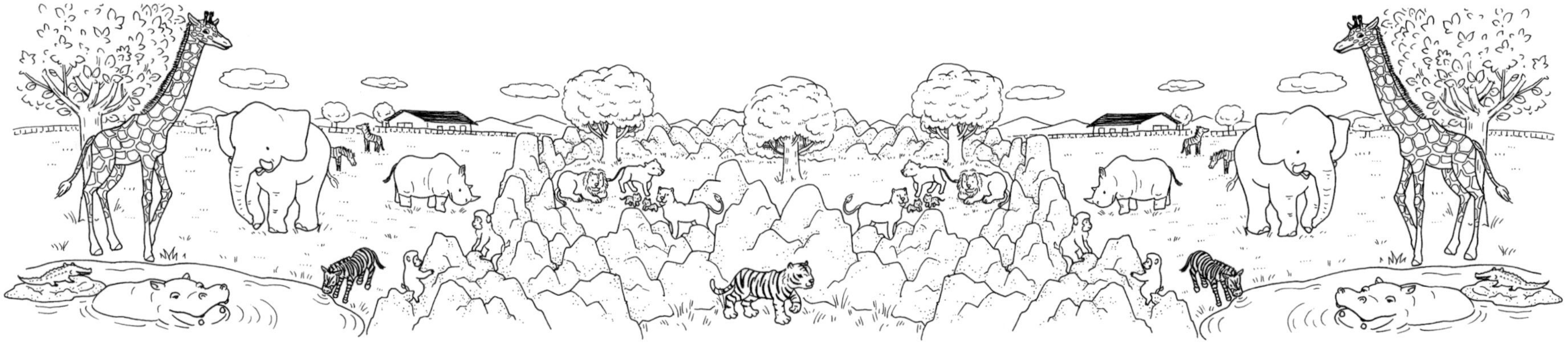

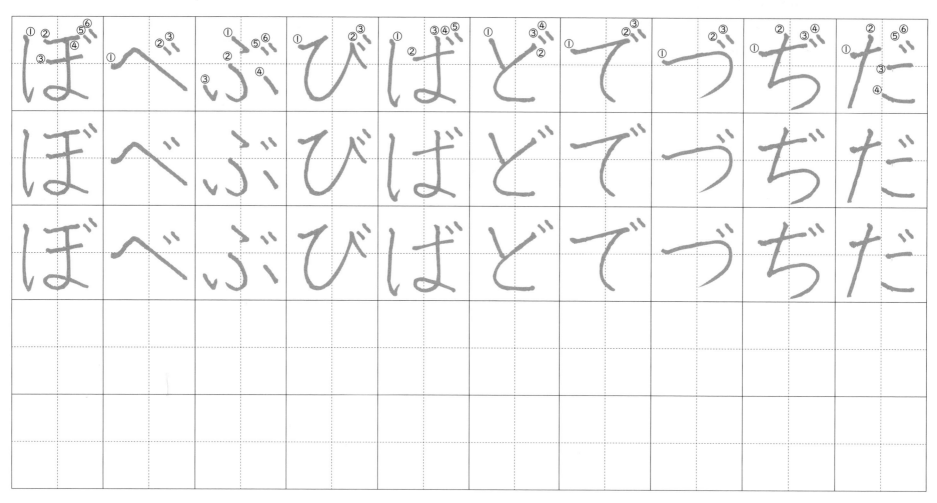

がぎぐげご
ざじずぜぞ
だぢづでど
ばびぶべぼ
ぱぴぷぺぽ

ぱぱぱ
ぴぴぴ
ぷぷぷ
ぺぺぺ
ぽぽぽ

うたに　あわせて　あいうえお（1）

なまえ

つぎの　ぶんを　2かい　よみましょう。

ぶんを　うつしましょう。

★みぎききの　ひとは　みぎの　ますに、ひだりききの　ひとは　ひだりの　ますに　うつしましょう。

あ

あかるい

あさひだ

あいうえお

い

いい　こと

いろいろ

あいうえお

（令和二年度版　光村図書　こくご　一上　かざぐるま「うたに　あわせて　あいうえお」による）

うたに　あわせて　あいうえお　(2)

なまえ

つぎの　ぶんを　2かい　よみましょう。

ぶんを　うつしましょう。

★みぎききの　ひとは　みぎの　ますに、ひだりききの　ひとは　ひだりの　ますに　うつしましょう。

う

うたごえ

うきうき

あいうえお

え

えがおで

えんそく

あいうえお

（令和二年度版　光村図書　こくご　一上　かざぐるま「うたに　あわせて　あいうえお」による）

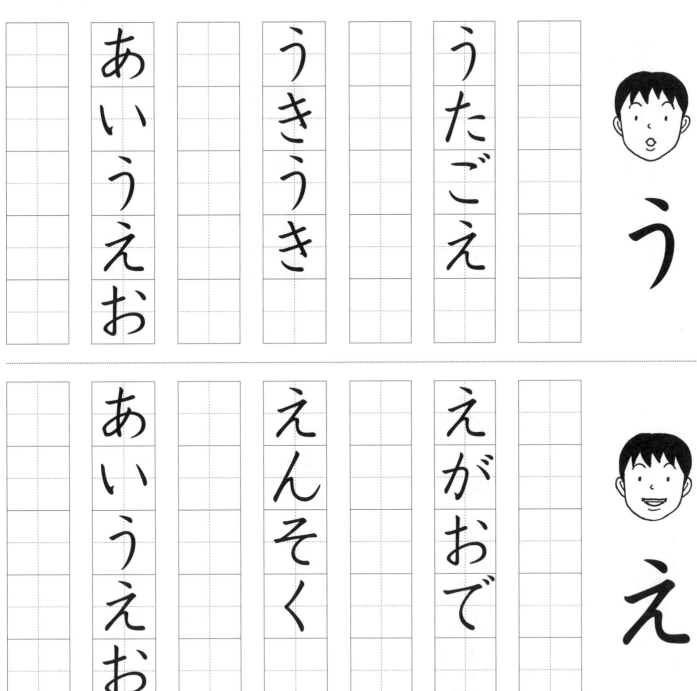

うたに　あわせて　あいうえお　(3)

なまえ

つぎの　ぶんを　2かい　よみましょう。

ぶんを　うつしましょう。

★みぎききの　ひとは　みぎの　ますに、ひだりききの　ひとは　ひだりの　ますに　うつしましょう。

お

おいしい

おむすび

あいうえお

かいて　みましょう。

あいうえお

（令和二年度版　光村図書　こくご　一上　かざぐるま「うたに　あわせて　あいうえお」による）

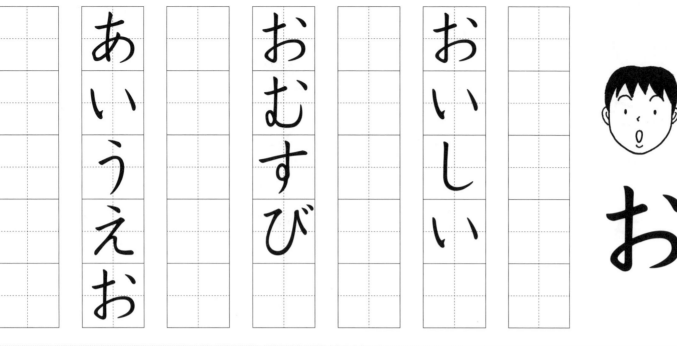

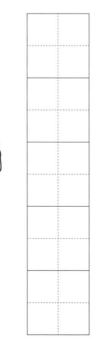

あさの　おひさま

なまえ

つぎの　ぶんを　2かい　よんで　こたえましょう

あさの　おひさま

あさの　おひさま
おおきいな
のっこり　うみから
おきだした

あさの　おひさま
あかい　かお
ざぶんと　うみで
あらったよ

(1) あさの　おひさまは、どんな　ふうに　おきだしましたか。

(2) あさの　おひさまは、どこから　おきだしましたか。

(3) あさの　おひさまは、どんな　かおを　して　いますか。

かお

(4) あさの　おひさまは、かおを　どんな　ふうに　あらいましたか。
○を　つけましょう。

（　）のっこり　うみで　あらったよ。
（　）ざぶんと　うみで　あらったよ。

（令和二年度版　光村図書　こくご　一上　かざぐるま　かんざわ　としこ）

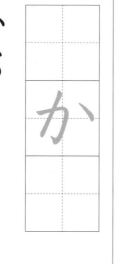

はなの みち

なまえ

つぎの ぶんしょうを 2かい よんで こたえましょう。

なにかが いっぱい はいった ふくろを みつけた くまさんは、ともだちの りすさんの ところに ききに いきました。

1

くまさんが、
ふくろを あけました。
なにも ありません。
「しまった。
あなが あいて
いた。」

2

あたたかい かぜが
ふきはじめました。
ながい ながい、
はなの
いっぽんみちが
できました。

（令和二年度版 光村図書 こくご 一上 かざぐるま おか のぶこ）

1

(1) くまさんは、なにを あけましたか。

□□□

(2) ふくろの なかには なにも なかったのは なぜですか。○をつけましょう。

（　）ふくろに あなが あいて いたから。

（　）とちゅうで、おいて きたから。

2

(1) どんな いっぽん みちが できましたか。

□□□、□□□の いっぽんみち。

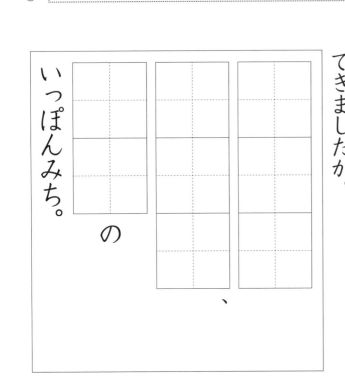

くちばし（1）

なまえ

つぎの　ぶんしょうを　2かい　よみ、えを　みて　こたえましょう。

1

いろいろな　とりの
くちばしの　かたちを
みて　みましょう。

2

ほそくて、
ながく　のびた
くちばしです。
㋐これは、なんの
くちばしでしょう。

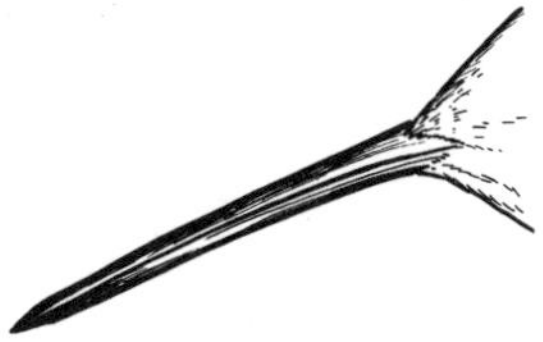

1

(1) いろいろな　とりの　なにの
かたちを　みて　いますか。

2

(1) どんな　くちばしですか。

□□くて、□□□のびた　くちばし

(2) ㋐これは　どの　くちばしですか。
○を　つけましょう。

（　　）

（　　）

（　　）

（令和二年度版　光村図書　こくご　一上　かざぐるま　むらた　こういち）

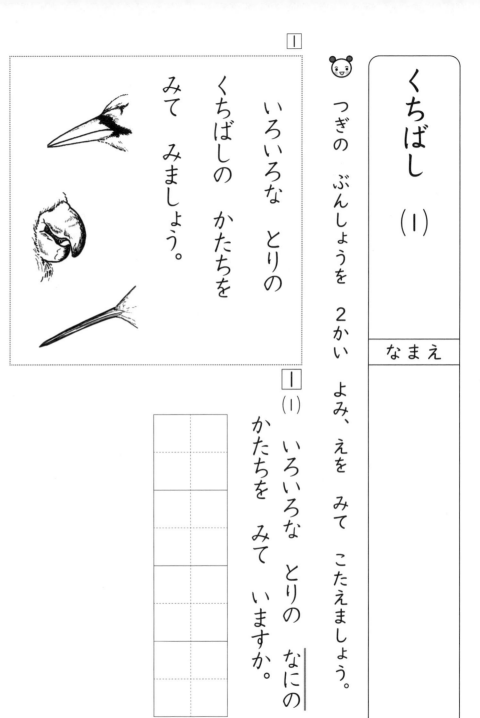

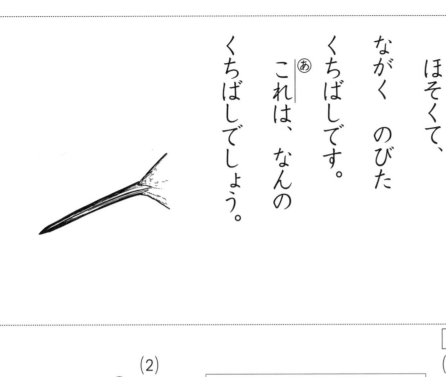

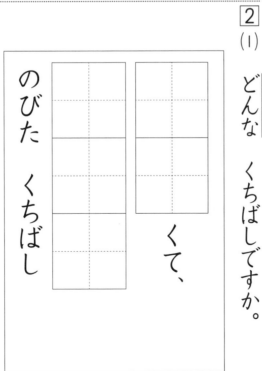

くちばし（2）

なまえ

つぎの ぶんしょうを 2かい よみ、えを みて こたえましょう。

1

㋐これは、
はちどりの
くちばしです。

2

はちどりは、
ほそながい くちばしを、
はなの なかに いれます。
そして、はなの みつを
すいます。

（令和二年度版 光村図書 こくご 一上 かざぐるま むらた こういち）

1

（1） ㋐これは、なんの くちばしですか。

2

（1） はちどりの くちばしは どんな かたちですか。

くちばし

（2） はちどりは、くちばしを なにの なかに いれますか。

の なか

（3） はちどりは、なにを すいますか。

はなの

おむすび ころりん (1)

なまえ

つぎの あらすじと ぶんしょうを 2かい よんで こたえましょう。

むかし おじいさんが、やまの はたけを たがやして いました。おなかが すいた おじいさんは、おむすびの つつみを ひろげました。そのとき おじいさんは、おむすびを ねずみの あなに ころがして しまいました。すると、おむすび ころりん すっとんとん。ころころ ころりん すっとんとん。と あなから うたが きこえて きました。おじいさんは うたに あわせて おどりだしました。

とうじょうじんぶつ　おじいさん・ねずみ

1

とうとう あしを
すべらせて、(あ)じぶんも
あなへ すっとんとん、
ねずみの
おうちに
とびこんだ。

2

おじいさん
ころりん すっとんとん。
おむすび たくさん
(い)ありがとう。

1

(1) (あ)じぶんとは だれの ことですか。

(　)ねずみ

(　)おじいさん

(2) なにの おうちに とびこみましたか。

2

(1) (い)ありがとうと いったのは だれですか。

(2) なにを (い)ありがとうと いって いますか。

(令和二年度版 光村図書 こくご 一上 かざぐるま はそべ ただし)

おむすび ころりん (2)

なまえ

つぎの ぶんしょうを 2かい よんで こたえましょう。

とうじょうじんぶつ おじいさん・ねずみ 1

Ⓐおいしい ごちそう
さあ どうぞ。
ねずみの おどりを
みて ください。
おれいに こづちを
あげましょう。

とうじょうじんぶつ おじいさん・おばあさん 2

おれいの こづちを
てに もって、
おうちに かえって
おばあさんと、
おどった おどった
すっとんとん。
こづちを ふり ふり
すっとんとん。

1

(1) Ⓐおいしい ごちそう さあ どうぞ。と いったのは だれですか。

(2) おじいさんは、ねずみから、おれいに、なにを もらいましたか。

2

(1) おじいさんは おうちに かえって、だれと おどりましたか。

(2) なにを ふりふり おどりましたか。

（令和二年度版 光村図書 こくご 一上 かざぐるま はそべ ただし）

おむすび ころりん (3)

なまえ

つぎの ぶんを 2かい よんで こたえましょう。

おじいさんは、ねずみから、おれいに こづちを もらいました。

1

すると どう した
ことだろう。
(あ)こづちを ふる たび、
あれ あれ あれ あれ、
しろい おこめが
ざあらざら。
きんの こばんが
ざっくざく。

2

それから (い)ふたりは
いつまでも、
なかよく たのしく
くらしたよ。
おむすび ころりん
すっとんとん。
ころころ ころりん
すっとんとん。

（令和二年度版 光村図書 こくご 一上 かざぐるま はそべ ただし）

1

(1) (あ)こづちを ふって いるのは だれですか。

(2) こづちを ふると なにが でて きましたか。2つに ○を つけましょう。

（　）しろい おこめ
（　）きんの こばん
（　）おむすび

2

(1) (い)ふたりとは、だれと だれの ことですか。2つに ○を つけましょう。

（　）ねずみ
（　）おじいさん
（　）おばあさん

(2) (い)ふたりは、いつまでも どんな ふうに くらしましたか。

くらしたよ。

うみの かくれんぼ (1)

なまえ

つぎの ぶんしょうを 2かい よんで こたえましょう。

1

はまぐりが、
すなの なかに
かくれて います。

2

はまぐりは、
大《おお》きくて つよい
あしを もって
います。

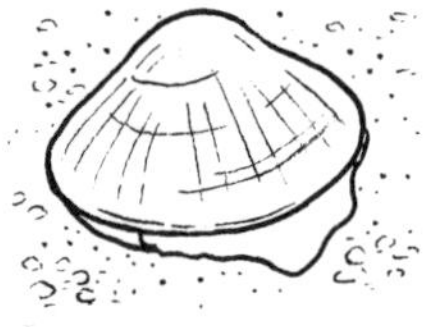

3

すなの なかに
あしを のばして、
すばやく もぐって
かくれます。

1 はまぐりは、どこに かくれて いますか。

□□ の なか。

2 はまぐりは、どんな あしを もって いますか。

はまぐりは、
［　　　］
あしを もって います。

3 はまぐりは、どうやって かくれますか。

□□ の なかに
□□ を のばして、
すばやく
□□□□
かくれます。

（令和二年度版　光村図書　こくご　一上　かざぐるま）

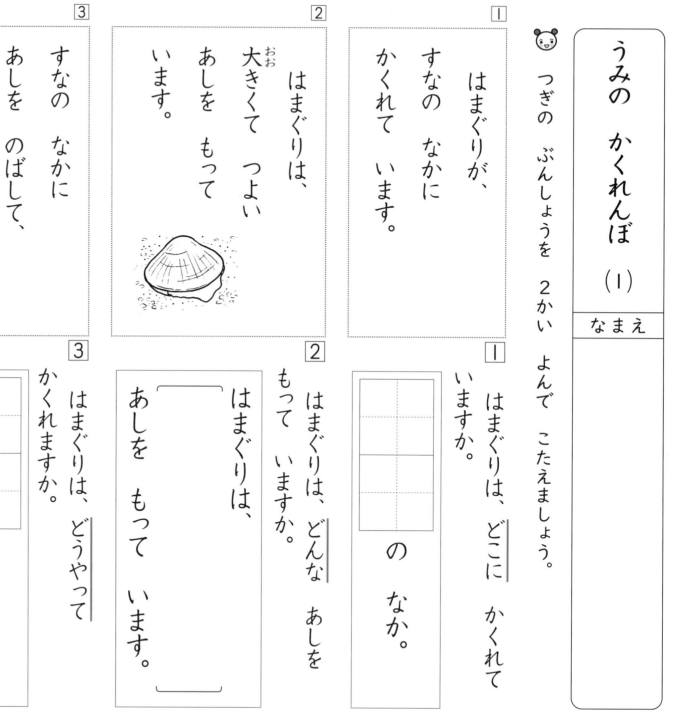

うみの かくれんぼ (2)

なまえ

つぎの ぶんしょうを 2かい よんで こたえましょう。

1

かにの なかまの
もずくしょいが、
いわの ちかくに
かくれて います。

2

もずくしょいは、
はさみで、かいそうなどを
小《ちい》さく きる ことが
できます。

3

かいそうなどを
からだに つけて、
かいそうに
へんしんするのです。

1 もずくしょいは、なにの なかまですか。

2 もずくしょいは、はさみで、なにが できますか。

かいそうなどを
小《ちい》さく □□□□
ことが できます。

3 もずくしょいは、かいそうなどを からだに つけて なにに へんしん しますか。

(令和二年度版 光村図書 こくご 一上 かざぐるま)

かずと かんじ

かぞえうた (1)

なまえ

かんじの よみがなを かきましょう。
こえに だして よんで みましょう。

一つ《ひとつ》

三つ《みっつ》

五つ《いつつ》

七つ《ななつ》

九つ《ここのつ》

二つ《ふたつ》

四つ《よっつ》

六つ《むっつ》

八つ《やっつ》

十《とお》

かずと かんじ

かぞえうた (2)

なまえ

かんじの よみがなを かきましょう。
こえに だして よんで みましょう。

一つ

二つ

三つ

四つ

五つ

六つ

七つ

八つ

九つ

十

かずと かんじ

かぞえうた (3)

なまえ

つぎの ぶんを 2かい よんで こたえましょう。

一《ひと》つ たたくと、こぶたが 一《いっ》ぴき。
二《ふた》つ たたくと、こぶたが 二《に》ひき。
三《みっ》つ たたくと、こぶたが 三《さん》びき。
四《よっ》つ たたくと、こぶたが 四《よん》ひき。
五《いつ》つ たたくと、こぶたが 五《ご》ひき。
どんどん どんどん、ふえてくる。
六《むっ》つ たたくと、こぶたが 六《ろっ》ぴき。
七《なな》つ たたくと、こぶたが 七《なな》ひき。
八《やっ》つ たたくと、こぶたが 八《はっ》ぴき。
九《ここの》つ たたくと、こぶたが 九《きゅう》ひき。
十《とお》 たたくと、こぶたが 十《じっ》ぴき。
のはらは、こぶたで いっぱいだ。

（令和二年度版 光村図書 こくご 一上 かざぐるま「かずとかんじ」による）

(1) □に あてはまる ことばを かきましょう。

① かえるが 三《さん》 びき

② かえるが 六《ろっ》 ぴき

③ かえるが 九《きゅう》 □

④ かえるが 十《じっ》 □

かずと かんじ

かぞえうた (4)

なまえ

つぎの ぶんを 2かい よんで こたえましょう。

一《ひと》つ ひるねの くじらが 一《いっ》とう
二《ふた》つ ふかふか ざぶとん 二《に》まい
三《みっ》つ みつけた みつばち 三《さん》びき
四《よっ》つ よみたい えほんが 四《よん》さつ
五《いっ》つ いろいろ くるまが 五《ご》だい
六《むっ》つ むすんだ けいとが 六《ろっ》ぽん
七《なな》つ ならんだ ながぐつ 七《なな》そく
八《やっ》つ やまみち やまゆり 八《はち》りん
九《ここの》つ こころころ くろまめ 九《きゅう》つぶ
十《とお》で ともだち にこにこ 十《じゅう》にん

（令和二年度版 東京書籍 あたらしい こくご 一上 「かぞえうた」による）

(1) ざぶとんは なんまい ありますか。

［　　］まい

(2) くるまは なんだい ありますか。

［　　］だい

(3) ながぐつは なんそく ありますか。

［　　］そく

(4) ともだちは なんにんですか。

［　　］にん

あめですよ

つぎの ぶんを ２かい よんで こたえましょう。

なまえ

あめですよ

あめ あめ だいすき
とん とん とん
あめ あめ きらい
ふう ふう ふう
あめ あめ だいすき
どん どん どん
あめ あめ きらい
ぶう ぶう ぶう
あめ あめ だいすき
らん らん らん
あかい かさ
あかい ながぐつ
らん らん らん

（令和二年度版 東京書籍 あたらしい こくご 一上 とよた かずひこ）

(1) どんな てんきの ことを いって いますか。

め

(2) あめが どんな ときに「らん らん らん」と いって いますか。○を つけましょう。

（ ）だいすき
（ ）きらい

(3) どんな いろの かさを さして いますか。

か
かさ

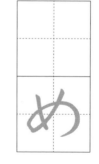

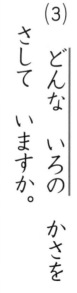

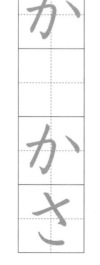

さとうと しお (1)

なまえ

つぎの ぶんしょうを 2かい よんで こたえましょう。

さとうと しおには、どんな ちがいが あるのでしょうか。

さわって みると どうでしょう。

さとうは、すこし べたべたして います。

しおは、さらさらして います。

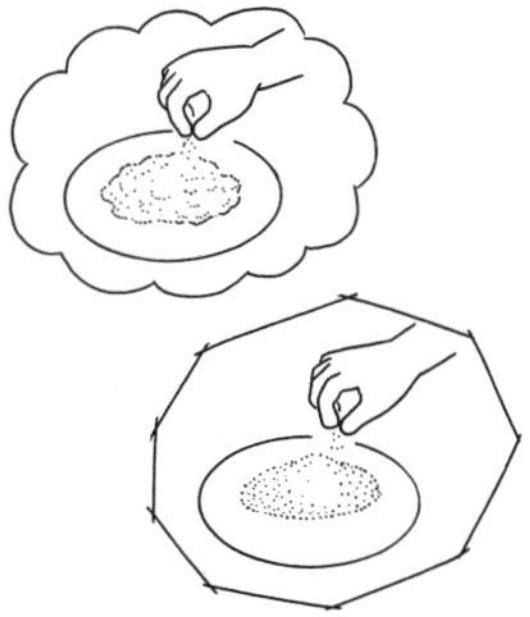

（令和二年度版 東京書籍 あたらしい こくご 一上）

(1) なにと なにを さわって みましたか。2つ かきましょう。

さと□

□お

(2) すこし べたべたして いるのは どちらですか。○を つけましょう。

（　）さとう

（　）しお

(3) さらさらして いるのは どちらですか。○を つけましょう。

（　）さとう

（　）しお

さとうと　しお　(2)

なまえ

つぎの　ぶんしょうを　2かい　よんで　こたえましょう。

なめて　みると
どうでしょう。

さとうは、
あまいです。

しおは、
しょっぱいです。

(1) さとうと　しおを　どうした
ときの　ちがいを　しらべて
いますか。

(　)さわって　みたとき。
(　)なめて　みたとき。

(2) なめて　みると　さとうは、
どんな　あじですか。

さとうは、
ま
です。

(3) しおは、どんな　あじですか。
ただしく　かいて　ある
ことばに　○を　つけましょう。

(　)しっぱいです。
(　)しょっぱいです。
(　)しょぱいです。

（令和二年度版　東京書籍　あたらしい　こくご　一上）

とん　こと　とん

なまえ

つぎの　ぶんしょうを　２かい　よんで　こたえましょう。

ねずみが　さんぽから　かえると
ゆかの　したから、おとが　きこえます。

1

ねずみは、ゆかを
たたきました。
とん　こと　とん。

へんじが　ありません。
だれかが、とびらを
たたきました。

2

「きみの　いえの
したに、
ひっこして　きた
もぐらです。
よろしくね。」
ふたりは、㋐なかよしに
なりました。

（令和二年度版　東京書籍　あたらしい　こくご　一上　ぶしか　えつこ）

1

(1) ねずみは、どこを　たたき
ましたか。

ゆ

(2) ねずみが　ゆかを　たたくと
どんな　おとが　しましたか。
うえの　ぶんしょうに
――せんを　ひきましょう。

2

(1) とびらを　たたいたのは
だれですか。

も　ら

(2) ねずみと　だれが　㋐なかよしに
なりましたか。○を　つけましょう。

（　）うさぎ
（　）もぐら

どうやって みを まもるのかな (1)

なまえ

つぎの ぶんしょうを 2かい よんで こたえましょう。

これは、やまあらしです。
やまあらしの
せなかには、
ながくて
かたい とげが
あります。
どのように して
㋐みを まもるのでしょう。

(1) なんと いう どうぶつの ことを かいて いますか。

(2) やまあらしの せなかには、なにが ありますか。

くて

い

(3) ㋐みを まもる とは、なにを まもる ことですか。○を つけましょう。

(　)きの みの たね。

(　)じぶんの からだ。

(令和二年度版 東京書籍 あたらしい こくご 一上)

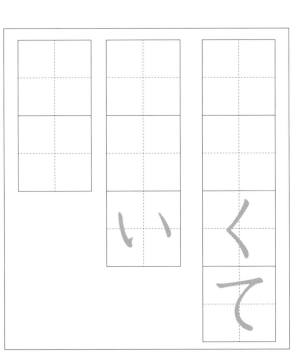

どう やって みを まもるのかな (2)

なまえ

つぎの ぶんしょうを 2かい よんで こたえましょう。

やまあらしは、
とげを たてて、
みを まもります。
てきが きたら、
うしろむきに なって、
とげを たてます。

(1) やまあらしは、どのようにして みを まもりますか。

□□を □□□、みを まもります。

(2) なにが きたとき、やまあらしは、とげを たてますか。

□□

(3) やまあらしは、どちらむきに なって とげを たてますか。○を つけましょう。

(　)まえむき
(　)うしろむき

(令和二年度版 東京書籍 あたらしい こくご 一上)

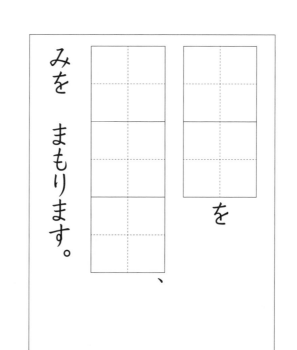

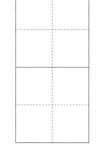

おおきな かぶ (1)

なまえ

つぎの ぶんしょうを 2かい よんで こたえましょう。

1

おじいさんが、かぶの
たねを まきました。
「あまい あまい
かぶに なれ。
おおきな おおきな
かぶに なれ。」

2

あまい、
げんきの よい、
㋐とてつもなく
おおきい かぶが
できました。

（令和二年度版 東京書籍 あたらしい こくご 一上 うちだ りさこやく）

1

(1) おじいさんは、なにを まきましたか。

(2) おじいさんは、なんと いって たねを まきましたか。2つに ○を つけましょう。

（　）あまい かぶに なれ。
（　）まるい かぶに なれ。
（　）おおきな かぶに なれ。

2

(1) どんな かぶが できましたか。

「　　　」、げんきの
よい、とてつもなく
「　　　」かぶ。

(2) ㋐とてつもなくと おなじ ことを あらわす ものに ○を つけましょう。

（　）いつもどおりの。
（　）びっくりするぐらいの。

※「おおきなかぶ」（内田 莉沙子 訳）の教材は 令和二年度版 教育出版 ひろがることば しょうがくこくご 一上 にも 掲載されています。

おおきな かぶ (2)

なまえ

つぎの ぶんしょうを 2かい よんで こたえましょう。

おじいさんは、
かぶを ぬこうと
しました。
「うんとこしょ、
どっこいしょ。」
[あ]、かぶは
ぬけません。

(令和二年度版 東京書籍 あたらしい こくご 一上 うちだ りさこやく)

(1) かぶを ぬこうと したのは、だれですか。

(2) おじいさんは、なんと いって かぶを ぬこうと しましたか。

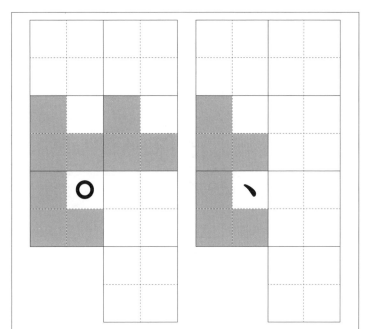

○ 、

(3) [あ]に はいる ことばに ○を つけましょう。

(　)それから

(　)ところが

※「おおきなかぶ」(内田 莉沙子 訳)の教材は 令和二年度版 教育出版 ひろがることば しょうがくこくご 一上 にも 掲載されています。

おおきな かぶ (3)

なまえ

つぎの ぶんしょうを 2かい よんで こたえましょう。

おじいさんは、
おばあさんを
よんで きました。
おばあさんが
おじいさんを
ひっぱって、
おじいさんが
かぶを ひっぱって、
「うんとこしょ、
どっこいしょ。」
[あ]、かぶは
ぬけません。

（令和二年度版 東京書籍 あたらしい こくご 一上 うちだ りさこ やく）

(1) おじいさんは、だれを よんで きましたか。

(2) おじいさんは なにを もって ひっぱって いますか。

(3) おばあさんは だれを もって ひっぱって いますか。

(4) [あ]に はいる ことばに ○を つけましょう。

（　）それから
（　）それでも

※「おおきなかぶ」（内田 莉沙子 訳）の教材は 令和二年度版 教育出版 ひろがることば しょうがくこくご 一上 にも 掲載されています。

おおきな　かぶ　(4)

なまえ

つぎの　ぶんしょうを　2かい　よんで　こたえましょう。

おばあさんは、まごを
よんで　きました。
まごが　おばあさんを
ひっぱって、
おばあさんが
おじいさんを
ひっぱって、
おじいさんが
かぶを
ひっぱって、
「うんとこしょ、
どっこいしょ。」
（い）、かぶは
ぬけません。

（令和二年度版　東京書籍　あたらしい　こくご　一上　うちだ　りさこ　やく）

(1) おばあさんは、だれを　よんで　きましたか。

(2) （あ）まごと　おなじ　ことを　あらわす　ものに　○を　つけましょう。

（　）おばあさんの　いもうとの　いもうと
（　）おばあさんの　こどもの　こども
（　）おばあさんの　こども

(3) まごが　ひっぱって　いるのは　だれですか。

(4) （い）に　はいる　ことばに　○を　つけましょう。

（　）まだ　まだ
（　）そろ　そろ
（　）とう　とう

※「おおきなかぶ」（内田　莉沙子　訳）の教材は　令和二年度版　教育出版　ひろがることば　しょうがくこくご　一上　にも　掲載されています。

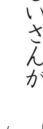

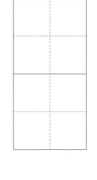

おおきな かぶ (5)

なまえ

つぎの ぶんしょうを 2かい よんで こたえましょう。

まごは、いぬを
よんで きました。
いぬが まごを
ひっぱって、
まごが おばあさんを
ひっぱって、
おばあさんが
おじいさんを
ひっぱって、
おじいさんが
かぶを
ひっぱって、
「うんとこしょ、
どっこいしょ。」
まだ まだ、
まだ まだ、
[あ]。

(令和二年度版 東京書籍 あたらしい こくご 一上 うちだ りさこ やく)

(1) まごは、だれを よんで きましたか。

(2) いぬは だれを もって ひっぱって いますか。

(3) かぶを もって いるのは、だれですか。

(4) [あ] に はいる ことばに ○を つけましょう。

( )ぬけました

( )ぬけません

※「おおきなかぶ」(内田 莉沙子 訳)の教材は 令和二年度版 教育出版 ひろがることば しょうがくこくご 一上 にも 掲載されています。

おおきな かぶ (6)

なまえ

つぎの ぶんしょうを 2かい よんで こたえましょう。

いぬは、ねこを
よんで きました。
ねこが いぬを
ひっぱって、
いぬが まごを
ひっぱって、
まごが おばあさんを
ひっぱって、
おばあさんが
おじいさんを
ひっぱって、
おじいさんが
かぶを
ひっぱって、
「うんとこしょ、
どっこいしょ。」
それでも、かぶは
ぬけません。

（令和二年度版 東京書籍 あたらしい こくご 一上 うちだ りさこ やく）

(1) いぬは、だれを よんで きましたか。

(2) ねこは だれを もって ひっぱって いますか。

(3) まごは だれを もって ひっぱって いますか。

(4) かぶは、どう なりましたか。ぶんの ことばを かきましょう。

それでも、かぶは ［　　　］。

※「おおきなかぶ」（内田 莉沙子 訳）の教材は 令和二年度版 教育出版 ひろがることば しょうがくこくご 一上 にも 掲載されています。

おおきな かぶ (7)

なまえ

つぎの ぶんしょうを 2かい よんで こたえましょう。

ねこは、ねずみを
よんで きました。
ねずみが ねこを
ひっぱって、
ねこが いぬを
ひっぱって、
いぬが まごを
ひっぱって、
まごが おばあさんを
ひっぱって、
おばあさんが おじいさんを
ひっぱって、
おじいさんが かぶを
ひっぱって、
「うんとこしょ、
どっこいしょ。」
やっと、かぶは
ぬけました。

（令和二年度版 東京書籍 あたらしい こくご 一上 うちだ りさこ やく）

(1) どんな じゅんばんで かぶを ひっぱりましたか。□に ことばを かきましょう。

かぶ ➡ おじいさん ➡ □ ➡ まご ➡ □ ➡ ねこ ➡ □

(2) かぶは、どう なりましたか。ぶんの ことばを かきましょう。

「やっと、かぶは □。」

※「おおきなかぶ」（内田 莉沙子 訳）の教材は 令和二年度版 教育出版 ひろがることば しょうがくこくご 一上 にも 掲載されています。

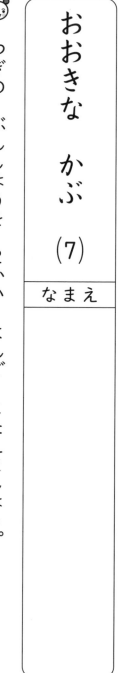

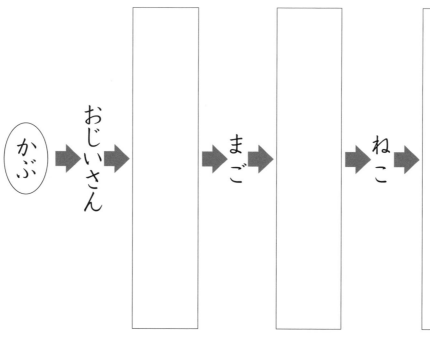

全文読解《ぜんぶんどっかい》

おおきな かぶ (8)

なまえ

きょうかしょの「おおきなかぶ」を よんで こたえましょう。

(1) かぶの たねを うえたのは だれですか。

(2) どんな かぶが できましたか。3つに ○を つけましょう。

（　）あまい かぶ
（　）おおきい かぶ
（　）ちいさい かぶ
（　）げんきの よい かぶ

(3) ひとや どうぶつは どんな じゅんばんで でて きましたか。（　）に すうじを かきましょう。

（1）おじいさん
（　）いぬ
（　）まご
（5）ねこ
（　）ねずみ
（　）おばあさん

(4) みんなで ひっぱったら、かぶは どうなりましたか。○を つけましょう。

（　）それでも、かぶは ぬけません。
（　）やっと、かぶは ぬけました。
（　）ところが、かぶは ぬけません。

あるけ　あるけ

なまえ

つぎの　ぶんを　２かい　よんで　こたえましょう。

1

あるけ　あるけ

つるみ　まさお

どこどん　どこどん
あるけ　あるけ
ちきゅうの　たいこ
Ⓐみんなの　あしで
たたいて　あるけ
そら
どこどん　どこどん
あるけ

1

(1) なにを　Ⓐみんなの　あしで　たたいて　あるけ　と　かいて　ありますか。

（　　　　）の（　　　　）

(2) ちきゅうの　たいこを　みんなの　あしで　たたいた　ときの　おとを　かきましょう。

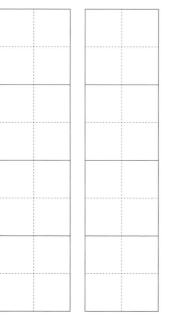

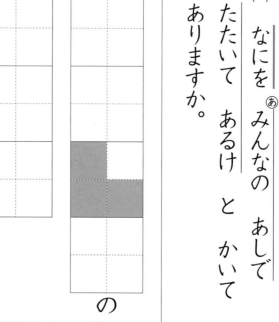

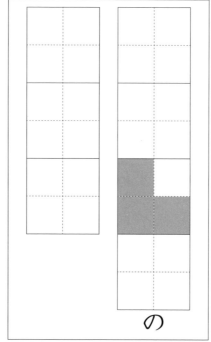

2

どこどん　どこどん
あるけ　あるけ
ちきゅうの　うらで
だれかの　あしも
たたいて　いるよ
ほら
どこどん　どこどん
あるけ

（令和二年度版　東京書籍　あたらしい　こくご　一上　つるみ　まさお）

2

(1) 2の　ぶんの　なかに　つぎの　ことばは　なんかい　でて　きますか。

① どこどん　［　　］かい

② あるけ　［　　］かい

③ ほら　［　　］かい

(2) この　しを　よむと　どんな　きもちに　なりますか。○を　つけましょう。

（　）さみしく　なる。

（　）げんきに　なる。

（　）かなしく　なる。

おおきく なあれ

なまえ

つぎの ぶんを 2かい よんで こたえましょう。

1

おおきく なあれ

さかた ひろお

あめの つぶつぶ
ブドウ《ぶどう》に はいれ
ぷるん ぷるん ちゅるん
ぷるん ぷるん ちゅるん
おもく なれ
あまく なれ

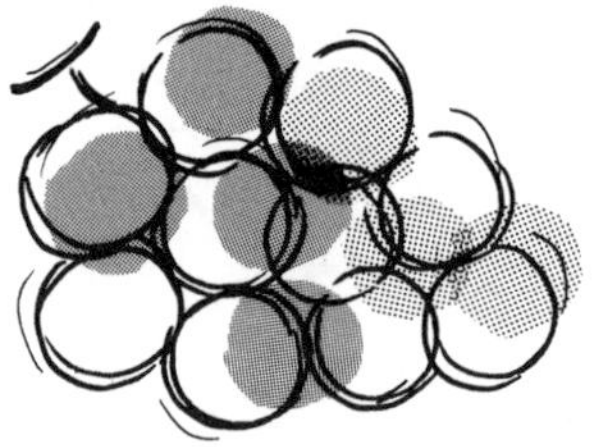

1

(1) あめの つぶつぶは なにに はいれと いって いますか。

(2) ブドウ《ぶどう》は、どう なって ほしいのですか。ぶんの ことばを かきましょう。

なれ

なれ

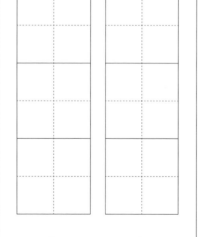

2

あめの　つぶつぶ
リンゴ《りんご》に　はいれ
ぷるん　ぷるん　ちゅるん
ぷるん　ぷるん　ちゅるん
おもく　なれ
あかく　なれ

（令和二年度版　東京書籍　あたらしい　こくご　一上　さかた　ひろお）

2

(1) あめの　つぶつぶは　なにに
はいれと　いって　いますか。

(2) あめの　つぶつぶが　リンゴ《りんご》に
はいる　ときの　ようすが
わかる　ことばを　かきましょう。

(3) リンゴ《りんご》は、どう　なって
ほしいのですか。ぶんの
ことばを　かきましょう。

なれ

なれ

ちいさい ゃゅょ
こんな こと したよ

なまえ

つぎの ぶんしょうを ２かい よんで こたえましょう。

1

かいじゅう
ひゃっぴき
ちきゅうの
うえで
ちゅうがえり

（令和二年度版　東京書籍　あたらしい　こくご　一上　「ちいさい　ゃゅょ」による）

2

なまえ　もり　けんた

ひるやすみに、おにごっこをしました。ぼくは、さいごまでつかまらずに、にげることができました。

（令和二年度版　東京書籍　あたらしい　こくご　一上　「こんな　こと　したよ」による）

1

(1) かいじゅうは、なんびき いますか。

(2) かいじゅうは、どこで ちゅうがえりを しましたか。

　　の うえ。

2

(1) ひるやすみに なにを しましたか。

(2) けんたくんは、おにごっこで さいごは、どう なりましたか。○を つけましょう。

（　）とちゅうで つかまった。

（　）さいごまで つかまらなかった。

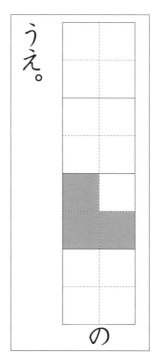

かいがら (1)

なまえ

つぎの ぶんしょうを 2かい よんで こたえましょう。

1

くまの こが、
うさぎの こに
いいました。
Ⓐ「うみで かいがらを
ひろって きたよ。」
Ⓘ「きれいね。みんな、
ちがう いろ。」

2

Ⓤ「うさぎちゃん、
どれが すき。」
Ⓔ「これよ。これが
いちばん すき。」
うさぎの こは、
しまもようの かいがらを
さしました。

※さしました。…ゆびを さしました。

（令和二年度版　東京書籍　あたらしい　こくご　一上　もりやま　みやこ）

1

(1) ⒶⒾの ことばは だれが いった ことばですか。

Ⓐ □□□□ の こ

Ⓘ □□□□ の こ

(2) くまの こは、どこで かいがらを ひろって きましたか。

□□

2

(1) ⓊⒺの ことばは だれが いった ことばですか。

Ⓤ □□□□ の こ

Ⓔ □□□□ の こ

(2) うさぎの こが いちばん すきな かいがらに ○を つけましょう。

（　）しまもようの かいがら

（　）ももいろの かいがら

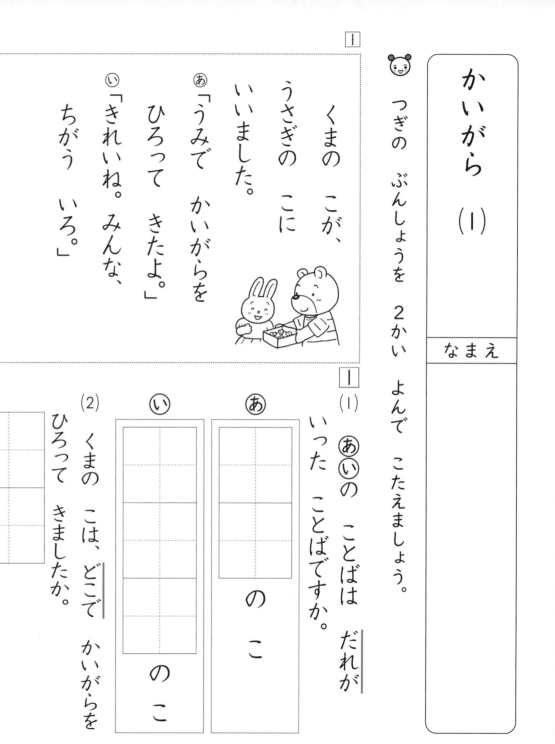

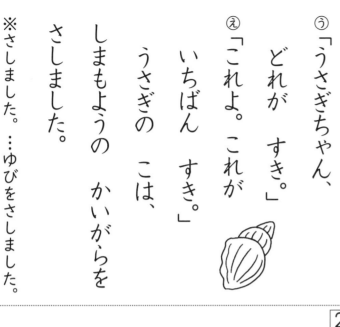

かいがら (2)

なまえ

つぎの ぶんしょうを ２かい よんで こたえましょう。

うさぎの こは「これが いちばん すき。」と いって しまもようの かいがらを さしました。

1

あ「ああ、ぼくと いっしょだ。」

くまの こも、おなじ ものが いちばん すきでした。

2

もし、うさぎの こが ももいろの かいがらを すきだと いったら、くまの こは、おみやげに あげる つもりでした。

1

(1) あ「ああ、ぼくと いっしょだ。」と いったのは、だれですか。

＿＿の こ

(2) くまの こが いちばん すきな かいがらに ○を つけましょう。

（　）ももいろの かいがら

（　）しまもようの かいがら

2

(1) くまの こは、①だれに ②なにを あげる つもりでしたか。

① だれ（に）

＿＿の こに

② なに（を）

＿＿の かいがらを あげる つもりでした。

（令和二年度版　東京書籍　あたらしい　こくご　一上　もりやま　みやこ）

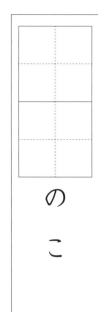

かいがら (3)

なまえ

つぎの ぶんしょうを 2かい よんで こたえましょう。

もし、うさぎの こが ももいろの かいがらを すきだと いったら、くまの こは、おみやげに あげる つもりでした。

1

ももいろの
かいがらは、二《に》ばんめに
㋐きに いって いた
ものなのです。

2

くまの こは、どう
しようかと おもいました。
そして、かいがらを
㋑そっと しまって、うちへ
かえりました。

（令和二年度版 東京書籍 あたらしい こくご 一上 もりやま みやこ）

1

(1) ㋐きに いって と おなじ ことを あらわす ものに ○を つけましょう。

（　）すきに なって。

（　）いやな きもちに なって。

(2) くまの こは、ももいろの かいがらを なんばんめに きに いって いましたか。

［　　］ばんめ

2

(1) くまの こが、㋑そっと しまった ものは なにですか。

(2) くまのこは どこへ かえり ましたか。

すずめの くらし (1)

なまえ

つぎの ぶんしょうを 2かい よんで こたえましょう。

のはらに、ちゃいろの
(あ)ことりが います。
すずめです。

なにを して
いるのでしょう。

(1) この おはなしに
でてきた (あ)ことりは
なんという とりですか。

(2) (あ)ことりは どこに いますか。

(3) (あ)ことりは なにいろですか。

いろ

(令和二年度版 教育出版 ひろがることば しょうがくこくご 一上)

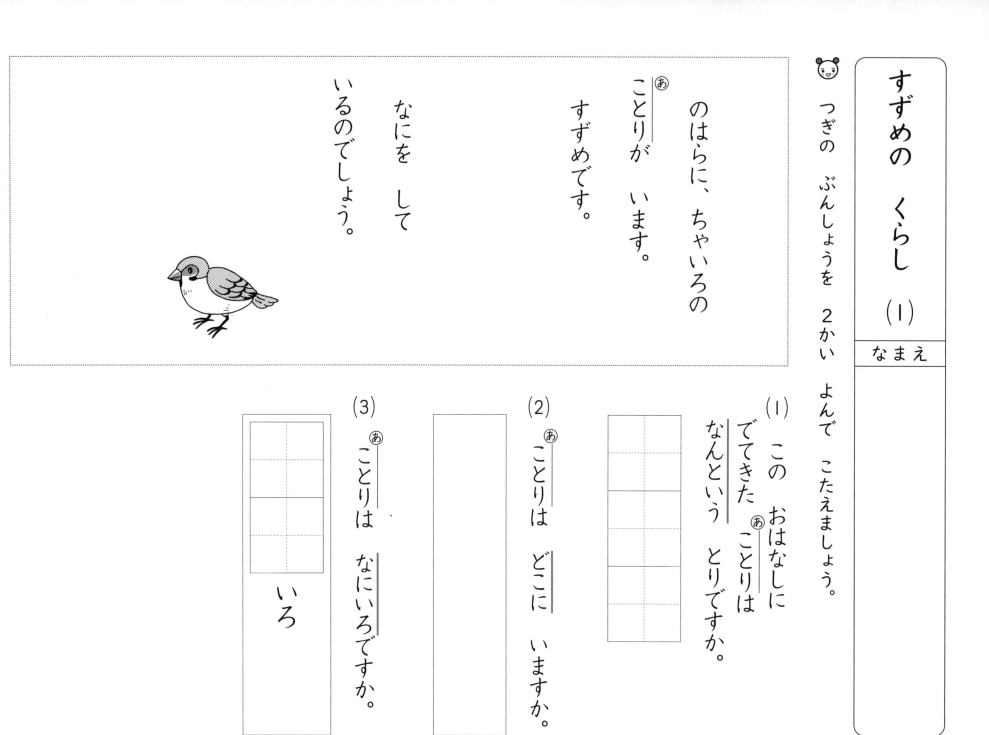

すずめの　くらし　(2)

なまえ

つぎの　ぶんしょうを　2かい　よんで　こたえましょう。

のはらに　いる　すずめは、
なにを　して　いるのでしょう。

すずめは、たべものを
さがして　いるのです。
じめんを　つついて、
くさの　たねを
たべて　います。

(1)　すずめは、なにを　して
いますか。◯を　つけましょう。

(　)たべものを　さがして　いる。

(　)すを　つくって　いる。

(2)　すずめは　なにを　つついて
いますか。

(3)　すずめは、なにを　たべて
いますか。

くさの

[　　　　]

（令和二年度版　教育出版　ひろがることば　しょうがくこくご　一上）

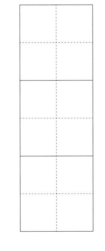

だれが、たべたのでしょう　(1)

なまえ

つぎの　ぶんしょうを　2かい　よんで　こたえましょう。

ちぎれた　木《こ》のはが、
おちて　います。
はの
まんなかだけが、
かじられた
ものも
あります。
だれが、木《こ》のはを
たべたのでしょう。

(1) どんな　木《こ》のはが　おちて　いますか。二《ふた》つ　かきましょう。

□□□□□□□□ 木《こ》のは。

はの　［　　　　］　だけが、［　　　　］　木《こ》のは。

(2) たずねて　いる　ぶんは　どちら　ですか。○を　つけましょう。

（　）ちぎれた　木《こ》のはが、おちて　います。

（　）だれが、木《こ》のはを　たべたのでしょう。

（令和二年度版　教育出版　ひろがることば　しょうがくこくご　一上）

だれが、たべたのでしょう (2)

なまえ

つぎの ぶんしょうを 2かい よんで こたえましょう。

1

むささびが、
木《こ》のはを たべたのです。
むささびは、木《こ》のはを
かみきって たべます。

2

山《やま》や もりでは、
いろいろな どうぶつの
たべた あとが
みつかります。

1

(1) だれが 木《こ》のはを たべたのですか。

（　　　　）

(2) むささびは、木《こ》のはを どうやって たべますか。

「　　　　」
たべます。

2

(1) 山《やま》や もりでは、なにが みつかりますか。

いろいろな どうぶつの
「　　　　」が
みつかります。

（令和二年度版　教育出版　ひろがることば　しょうがくこくご　一上）

「゛」や「゜」の つくじ (1)

なまえ

(1) えを みて かきましょう。

① 
ふた

② 
ぶた

③ 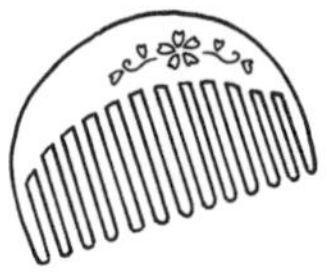
くし

④ 

くじ

⑤ 
さる

⑥ 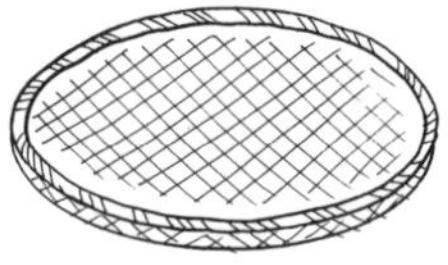
ざる

⑦ 
たい

⑧ 
だい

(2) えを みて かきましょう。

① 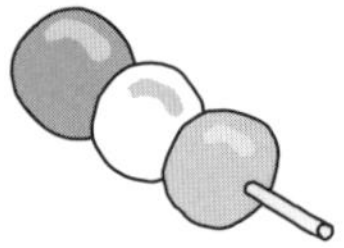
だんご

② 
ぱん

③ 
たんぽぽ

④ 
まど

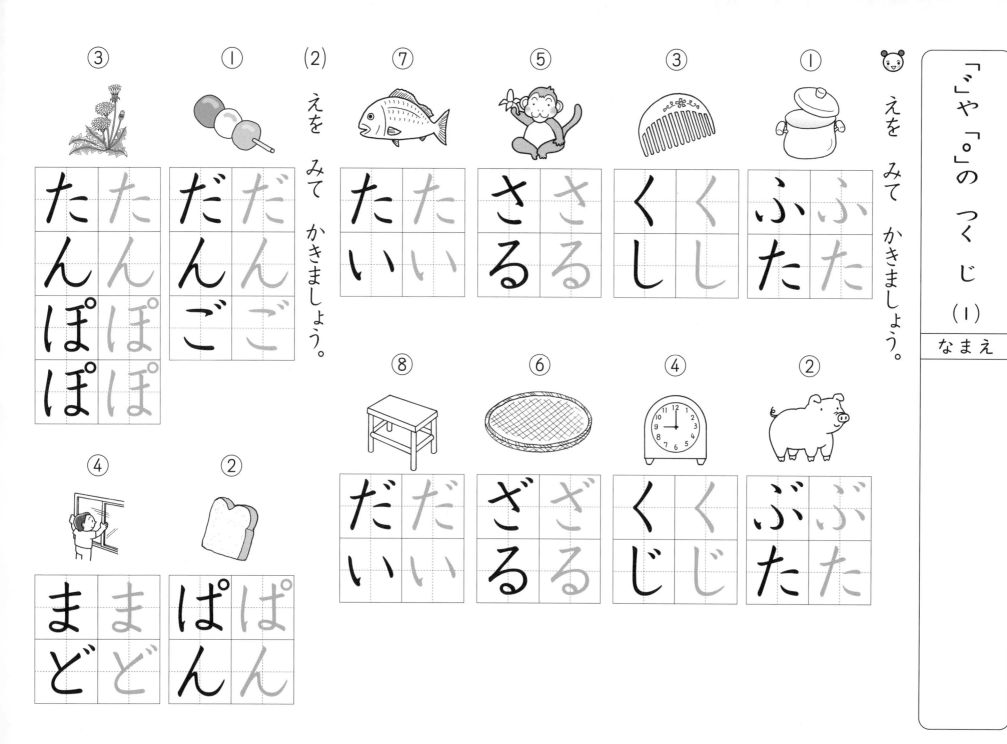

「゛」や「゜」の つくじ (2)

なまえ

(1) えを みて ことばを かきましょう。
□で かこんだ じに 「゛」を つけて かきましょう。

① 
ふた

② 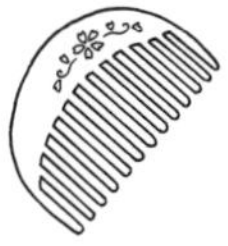
くし

③ 
さる
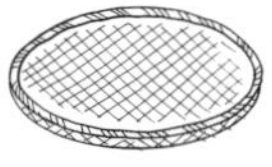

④ 
たい

(2) えを みて ことばを かきましょう。
□で かこんだ じに 「゛」か 「゜」を つけて かきましょう。

① 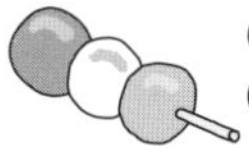
だんご
だんご

② 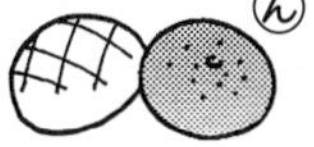
ぱん

③ 
たんぽぽ

④ 
まど

⑤ 
ばら

⑥ 
えんぴつ

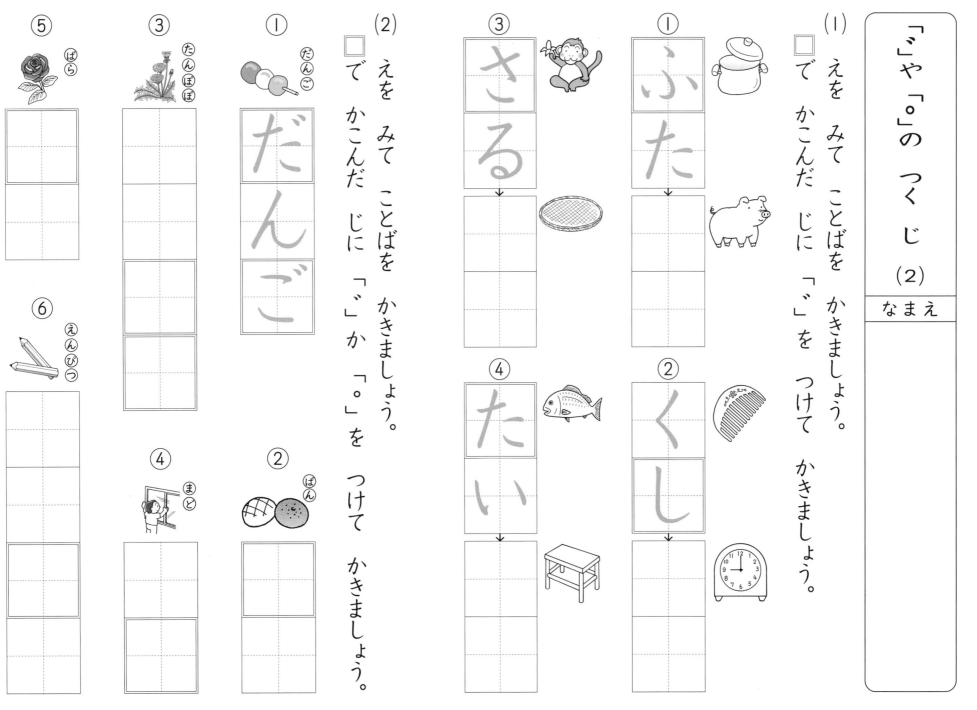

ことばあそび

しりとり

なまえ

(1) つぎの　ことばを　かいて　しりとりを　しましょう。

りす

→

すずめ

↓

めだか

→

かめ

(2) えに　あう　ことばを　かいて、しりとりを　しましょう。

つくえ

←

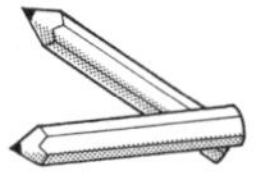

えんぴつ

←

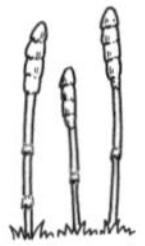

つくし

↓

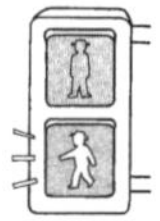

しんごう

→

うきわ

→

わに

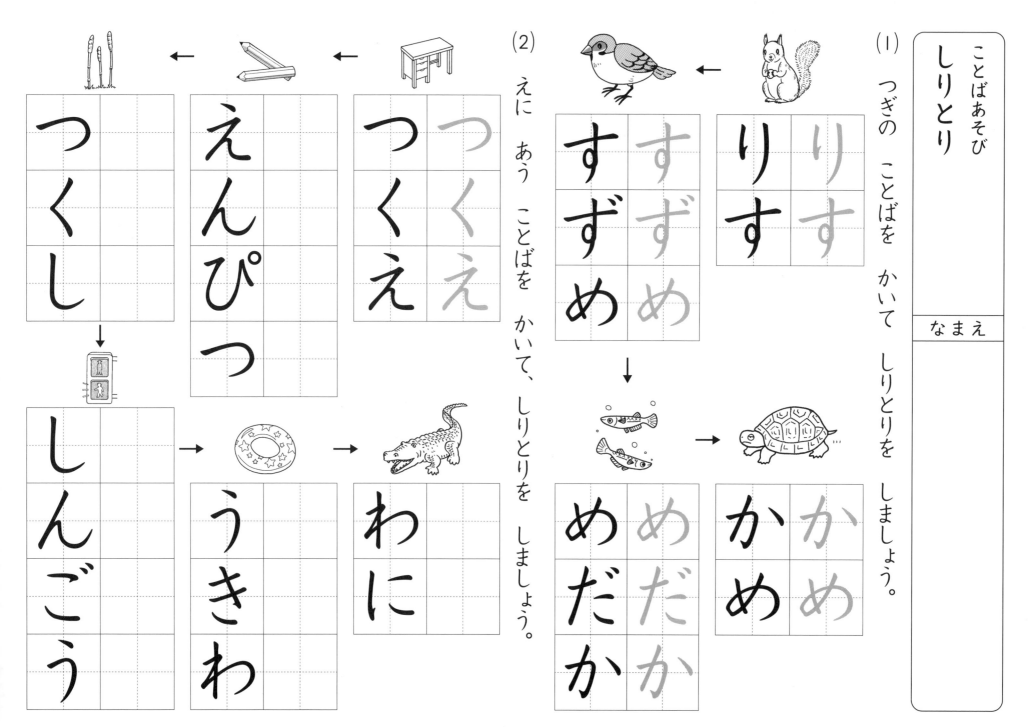

ことばあそび

ことばみつけ

なまえ

(1) かくれた ことばを みつけて ◯で かこみましょう。
えを みて みつけた ことばを かきましょう。

な	す	び	に	
だ	い	こ	ん	ご
	か	ま	じ	ぼ
	め		ん	う

ごぼう
なすび
すいか
にんじん
だいこん

(2) かくれた ことばを みつけて ◯で かこみましょう。
えを みて みつけた ことばを かきましょう。

	ご		ぞ	う
き	り	ん		ぱ
い	ら	い	お	ん
ろ			り	だ

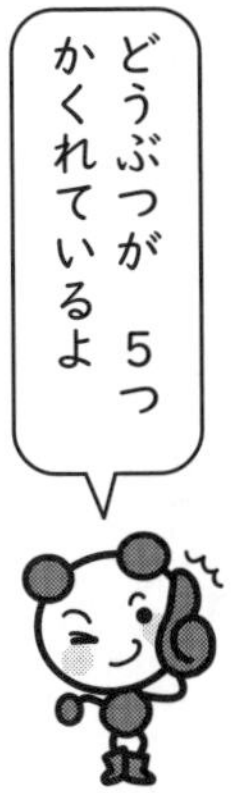

ぞう

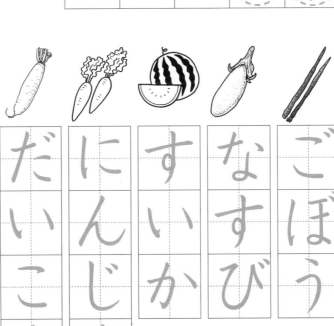

ぶんを つくろう (1)

なまえ

(1) えを みて 「○○が いる。」の ぶんを かきましょう。

① かえるがいる。 かえるがいる。

② かめがいる。 かめがいる。

③ こいがいる。 こいがいる。

(2) えを みて 「○○が どうする。」の ぶんを かきましょう。

①

いぬがほえる。 いぬがほえる。

②

いぬがたべる。 いぬがたべる。

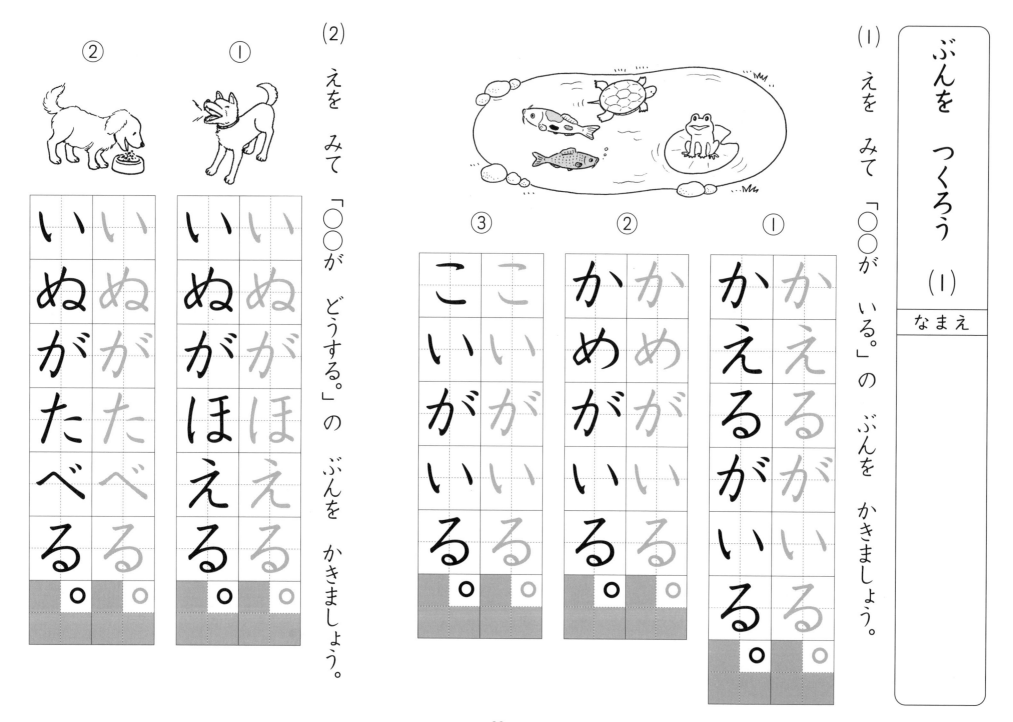

ぶんを　つくろう　(2)

なまえ

(1) えを　みて　「○○が　いる。」の　ぶんを　かきましょう。

① かえるが

かえるがいる。

② かめがいる。

③ こいがいる。

(2) えを　みて　「○○が　どうする。」の　ぶんを　かきましょう。

①

いぬがほえる。

②

いぬがたべる。

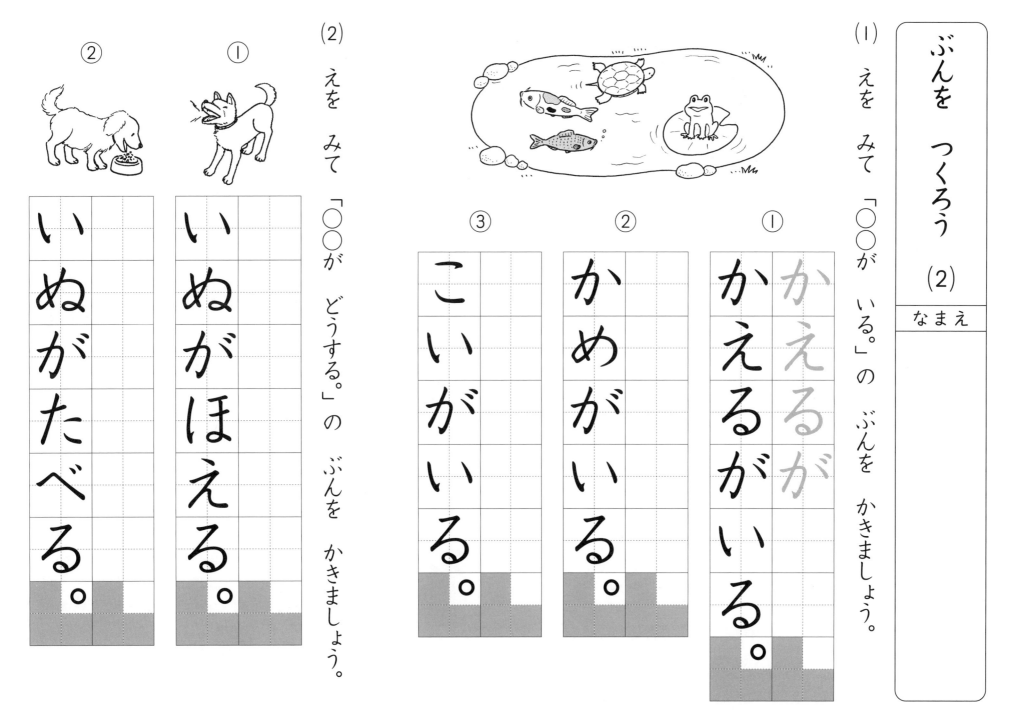

ぶんを つくろう (3)

なまえ

(1) えを みて 「○○が いる。」の ぶんを かきましょう。

① かえるが いる。

②

③

(2) えを みて 「○○が どうする。」の ぶんを かきましょう。

①

いぬが たべる。

②

③

ねこが

④

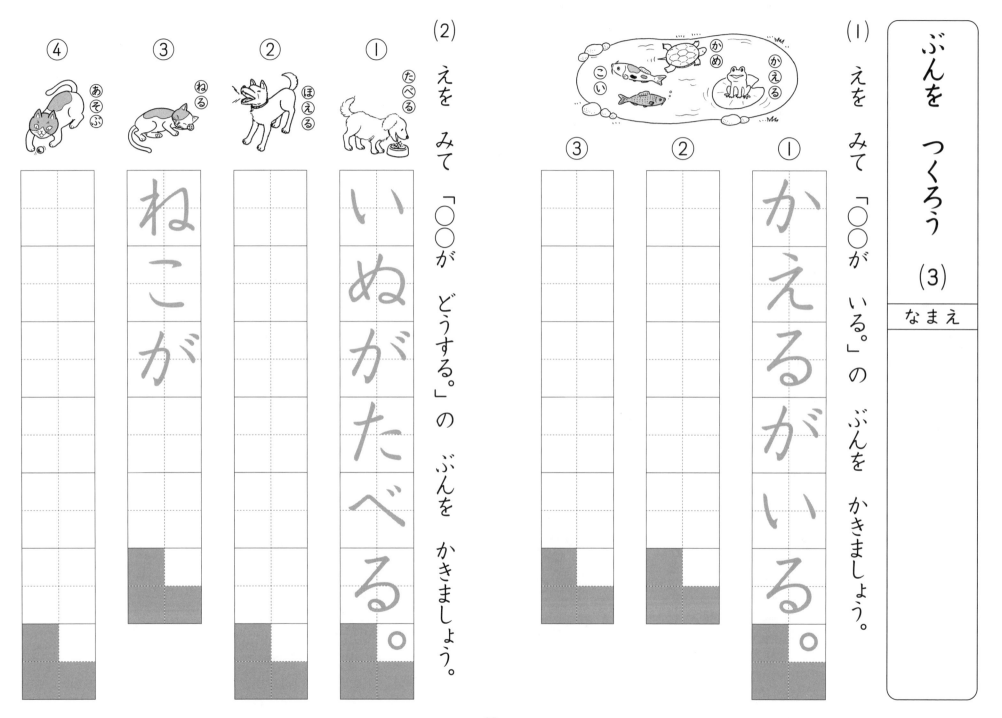

(は)(を)(へ)を つかおう

くっつきの「は」(1)

なまえ

(1) えを みて ぶんを かきましょう。

①

あめは、あまい。

②

ゆきは、しろい。

③

からすは、くろい。

(2) えを みて ぶんを かきましょう。

①

はちは、とぶ。

②

ほしは、ひかる。

③

さかなは、およぐ。

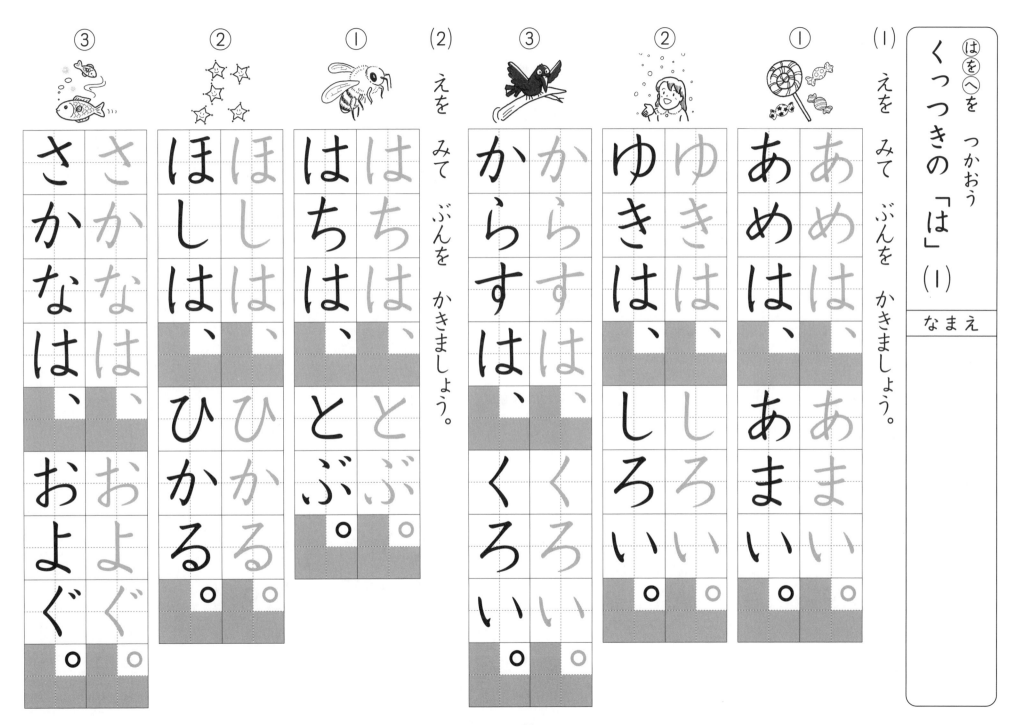

はをへを　つかおう
くっつきの「は」(2)

なまえ

(1) えを　みて、ぶんを　かきましょう。

① 

あめは、あまい。

② 

ゆきは、しろい。

③ 

からすは、くろい。

(2) えを　みて、ぶんを　かきましょう。

① 

はちは、とぶ。

② 

ほしは、ひかる。

③ 

さかなは、およぐ。

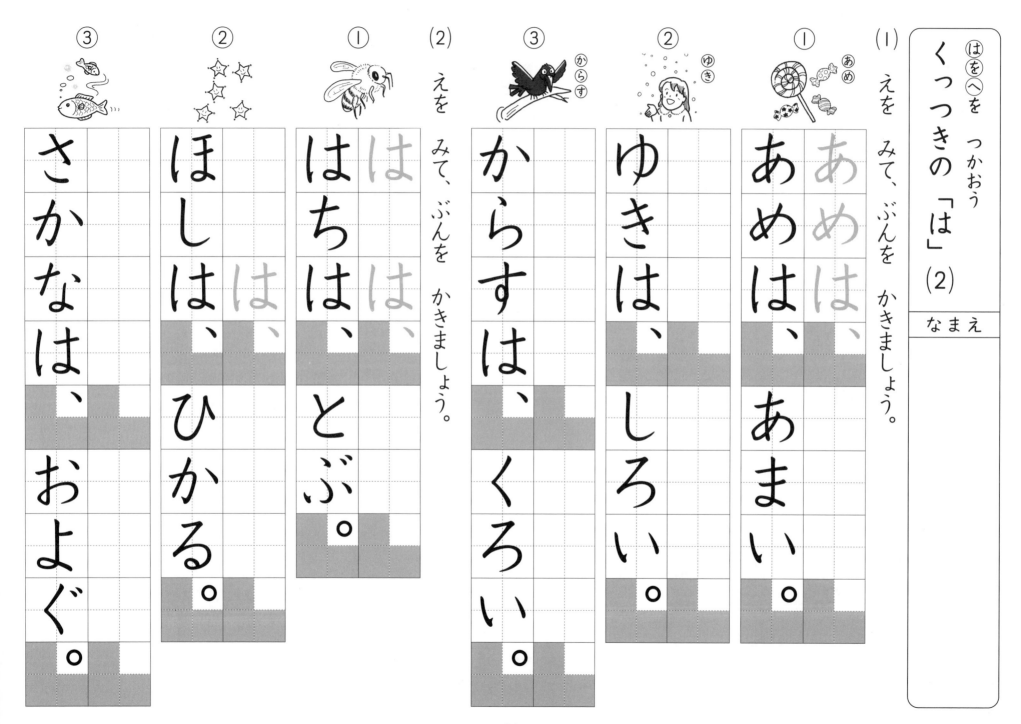

はをへを つかおう

くっつきの「は」(3)

なまえ

(1) えを みて、「○○は――。」の ぶんを つくりましょう。――の ことばを □ から えらんで かきましょう。

① あめ

あめは、あまい。

② ゆき

③ からす

あまい　くろい　しろい

(2) えを みて、「○○は――。」の ぶんを つくりましょう。――の ことばを □ から えらんで かきましょう。

① はち

はちは、とぶ。

② ほし

③ さかな

④ はな

とぶ　およぐ　ひかる　さく

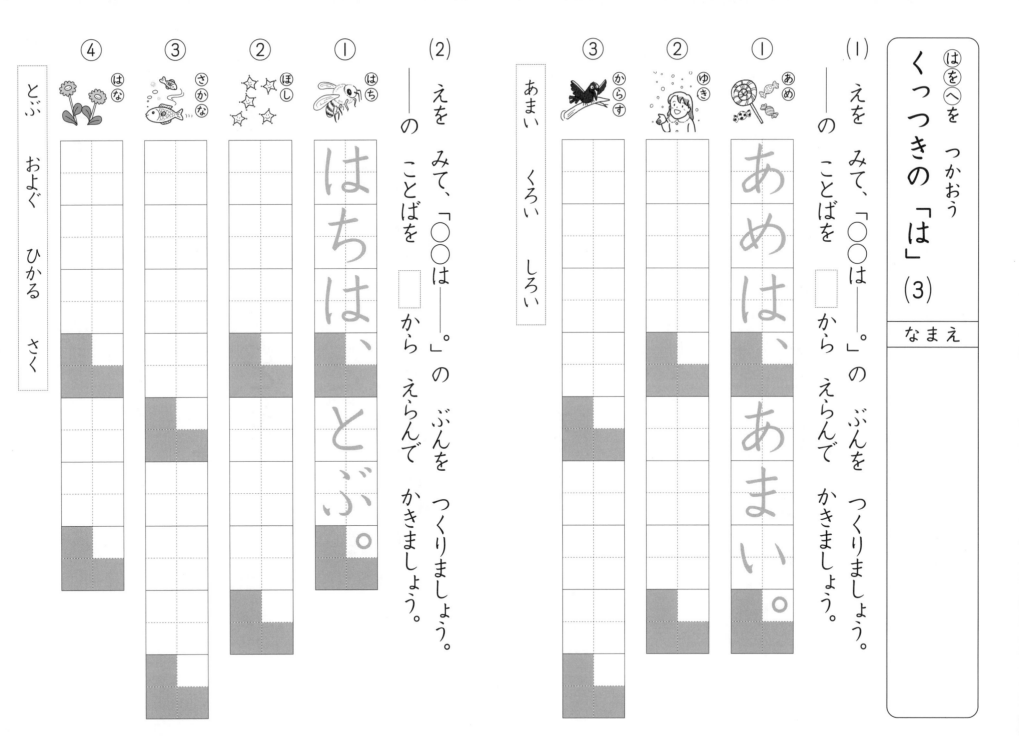

はをへを つかおう

くっつきの「を」(1)

なまえ

(1) えを みて ぶんを かきましょう。なぞって かきましょう。

①

ふくをきる。

②

ほんをよむ。

③

かばんをもつ。

(2) えを みて ぶんを かきましょう。「を」と「お」に きを つけましょう。

①

かおをあらう。

②

おんがくをきく。

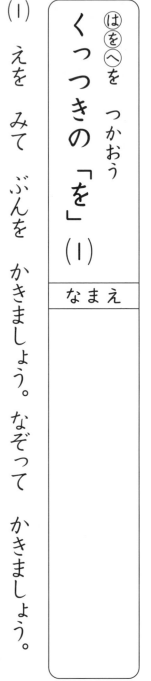

はをへを つかおう

くっつきの「を」(2)

なまえ

(1) えを みて ぶんを かきましょう。

①

ふくをきる。

②

ほんをよむ。

③

かばんをもつ。

(2) えを みて ぶんを かきましょう。
「を」と「お」に きを つけましょう。

①

かおをあらう。

②

おんがくをきく。

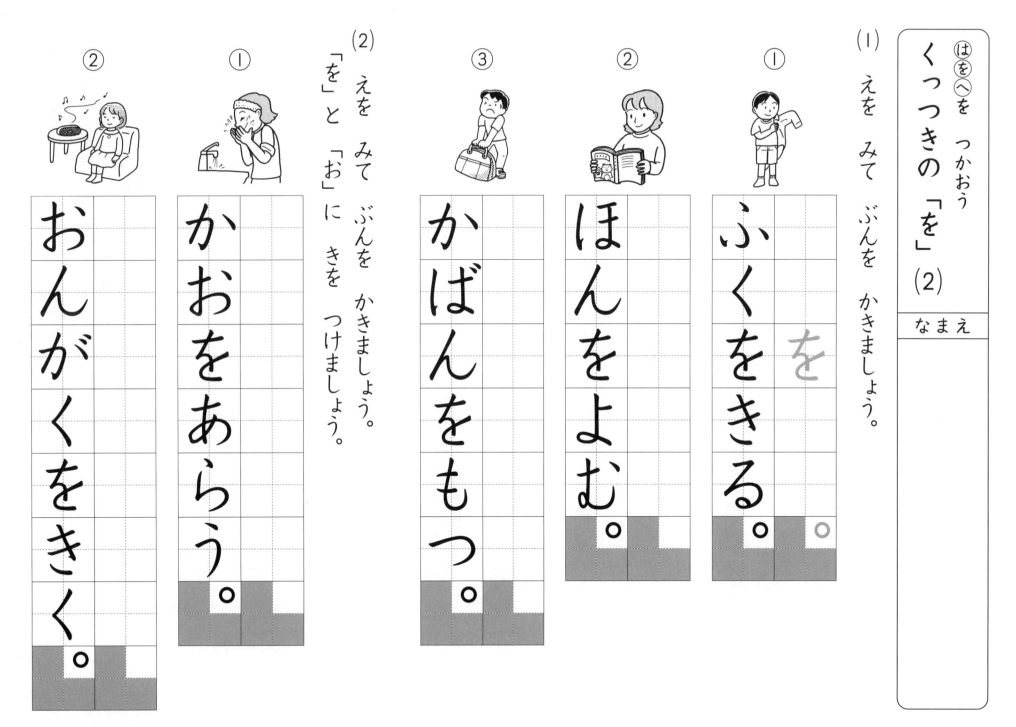

はをへを つかおう
くっつきの「を」(3)

なまえ

(1) えを みて、「○○を――。」の ぶんを つくりましょう。
――の ことばを □ から えらんで かきましょう。

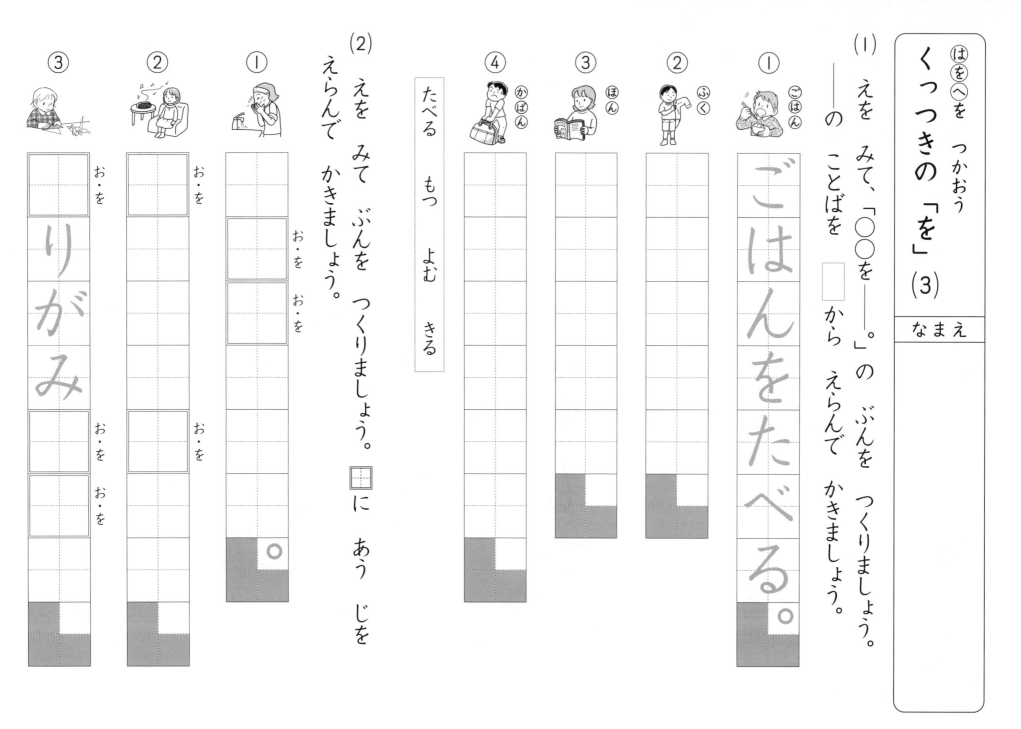

① ごはん

ごはんをたべる。

② ふく

③ ほん

④ かばん

たべる　もつ　よむ　きる

(2) えを みて ぶんを つくりましょう。□に あう じを えらんで かきましょう。

①

お・を　お・を

。

②

お・を　お・を

③

お・を　りがみ　お・を　お・を

くっつきの「へ」(1)

はをへを　つかおう

なまえ

(1) えを　みて　ぶんを　かきましょう。

①

やまへいく。
やまへいく。

②

うみへいく。
うみへいく。

③

いえへかえる。
いえへかえる。

(2) えを　みて　ぶんを　かきましょう。
「へ」と「え」に　きを　つけましょう。

①

まえへすすむ。
まえへすすむ。

②

えきへいく。
えきへいく。

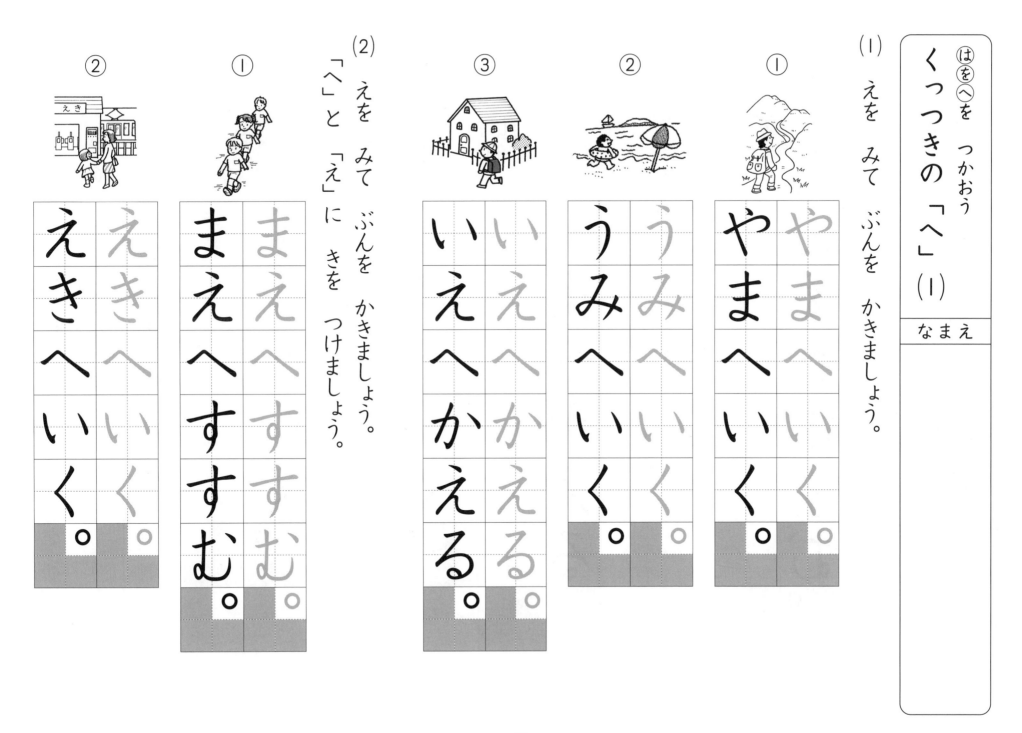

はをへを つかおう

くっつきの「へ」(2)

なまえ

(1) えを みて ぶんを かきましょう。

①

やまへいく。

②

うみへいく。

③

いえへかえる。

(2) えを みて ぶんを かきましょう。「へ」と「え」に きを つけましょう。

①

まえへすすむ。

②

えきへいく。

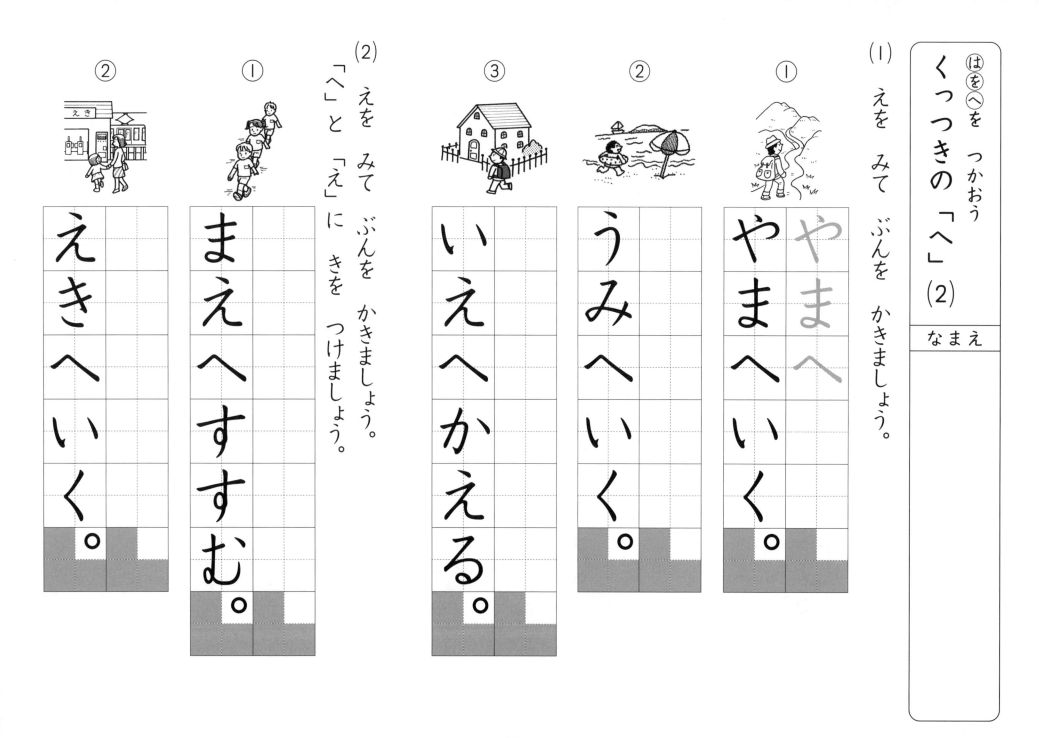

ⓗⓞⓔを つかおう
くっつきの「へ」(3)

なまえ

(1) えを みて、「○○へ——。」の ぶんを つくりましょう。
——の ことばを □ から えらんで かきましょう。

① やま

やまへいく。

② うみ

③ いえ

いく　いく　かえる

(2) えを みて ぶんを つくりましょう。□ に あう じを えらんで かきましょう。

①

ま□（え・へ）□（え・へ）すすむ。

②

□（え・へ）き□（え・へ）いく。

③

□（え・へ）や□（え・へ）はいる。

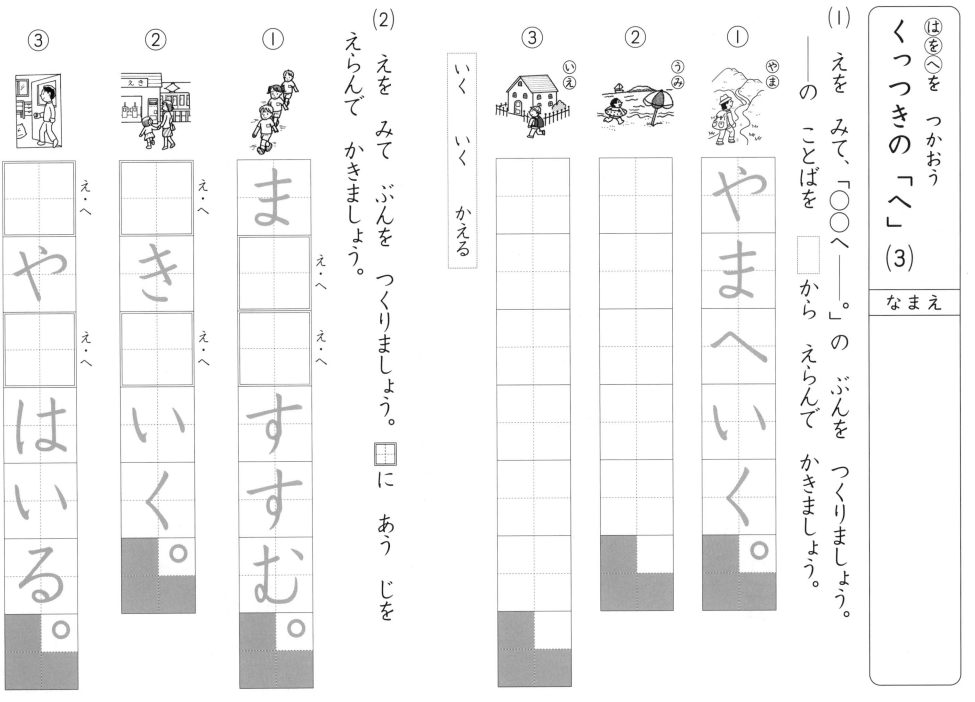

はをへを　つかおう
くっつきの「は」「を」「へ」（1）

なまえ

ぶんを　かきましょう。

①
ぼくは、むしをとる。
ぼくは、むしをとる。

②
とりは、そらをとぶ。
とりは、そらをとぶ。

③
ぼくは、えをかく。
ぼくは、えをかく。

④
くまは、もりへかえる。
くまは、もりへかえる。

⑤
ぼくは、みせへいく。
ぼくは、みせへいく。

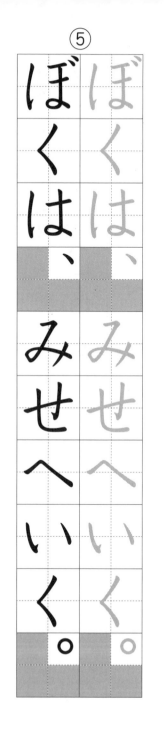

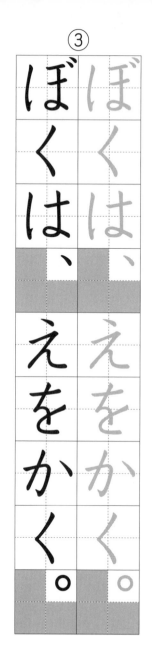

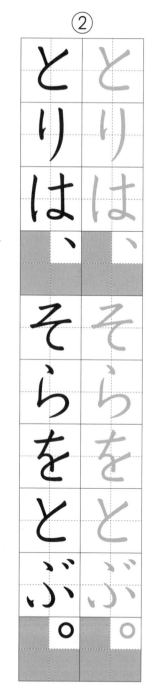

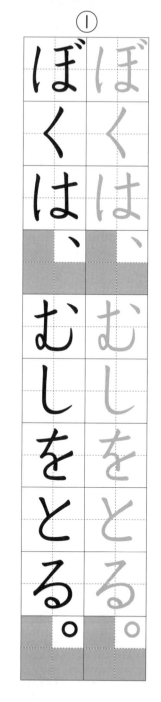

はをへを つかおう
くっつきの「は」「を」「へ」(2)

なまえ

ぶんを かきましょう。

①ぼくは、むしをとる。

②とりは、そらをとぶ。

③ぼくは、えをかく。

④くまは、もりへかえる。

⑤ぼくは、みせへいく。

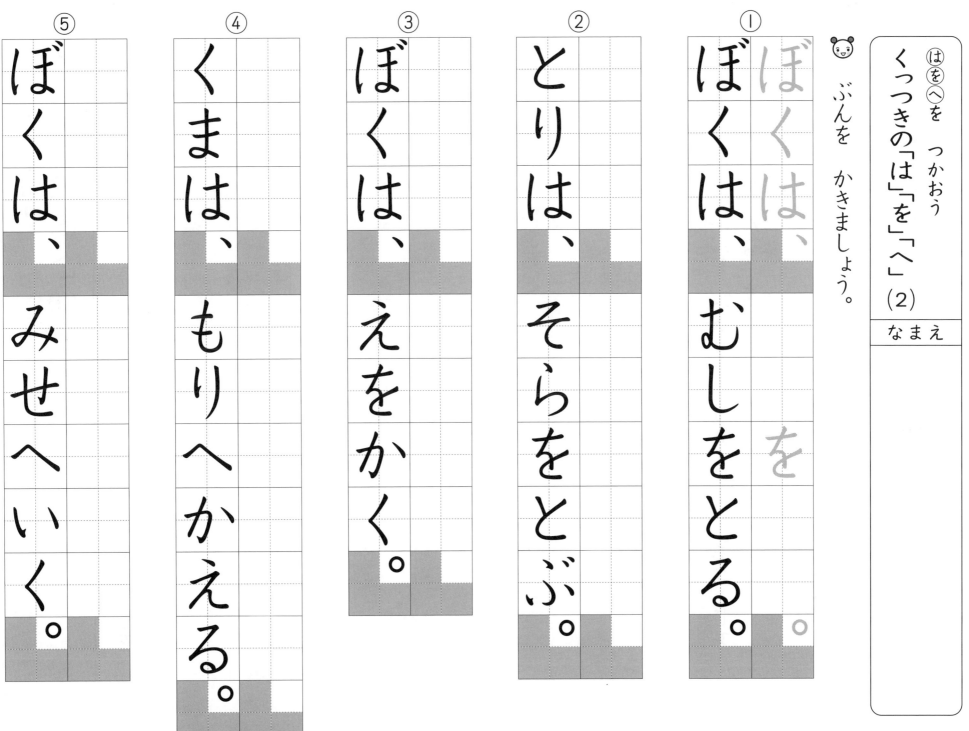

はをへを　つかおう

くっつきの「は」「を」「へ」(3)

なまえ

(1) えを　みて　ぶんを　つくりましょう。□に　あう　じを　えらんで　かきましょう。

① 

ぼく□、むし□とる。（わ・は）（お・を）

ぼくは、むしをとる。

② 

□、□（わ・は）（お・を）

③ 

ぼく□、□（わ・は）（お・を）

④ 

□、もり□か□る。（わ・は）（え・へ）（え・へ）

(2) えを　みて　ぶんを　つくりましょう。□に　あう　じを　「は」「を」「へ」から　えらんで　かきましょう。

① 

うし□、くさ□たべる。

② 

わたし□、えき□いく。

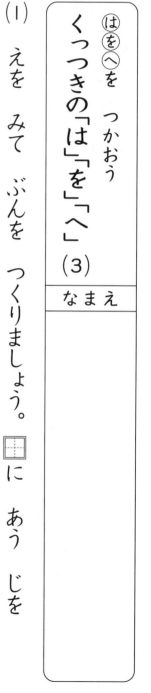

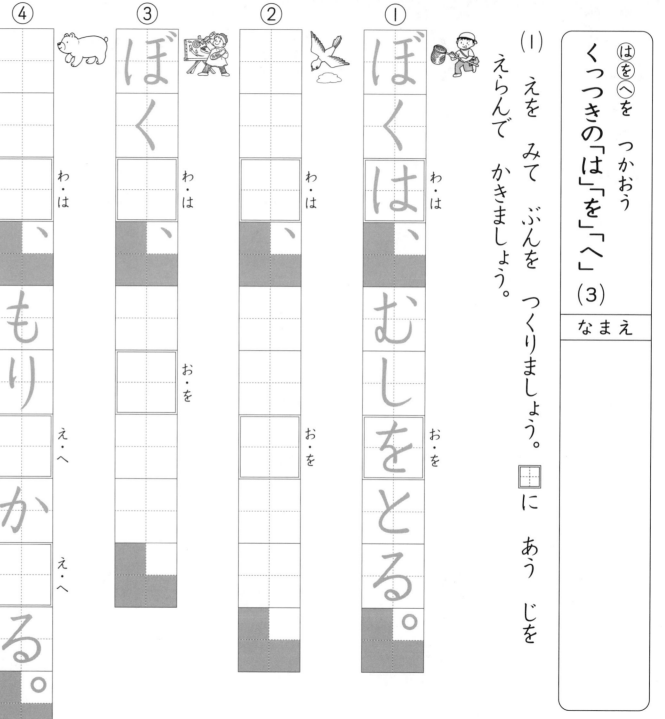

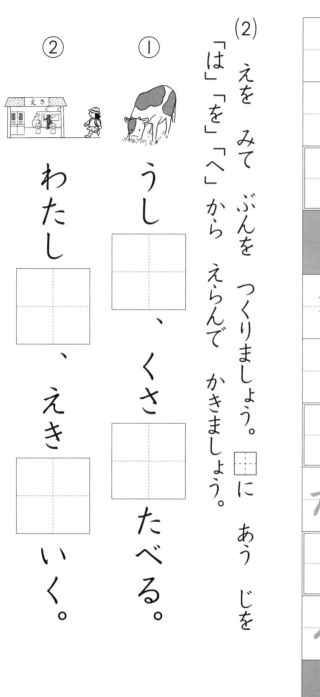

ちいさい「っ」(1)

なまえ

(1) えを　みて　ことばを　かきましょう。

①

きつね

②

かつお

(2) ちがう　ところに　きを　つけましょう。
えを　みて　ことばを　かきましょう。

①

ねこ

↓

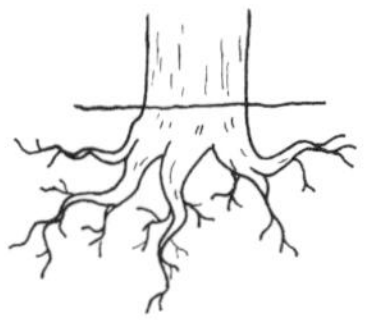

ねっこ

②

まち

↓

まっち

(3) えを　みて　ことばを　よみましょう。
っ に　きを　つけて　かきましょう。

①

ばった

②

しっぽ

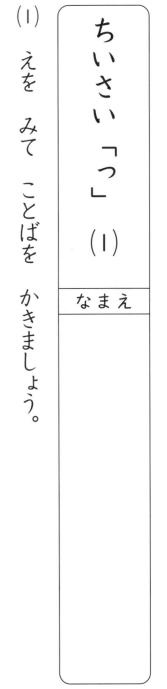

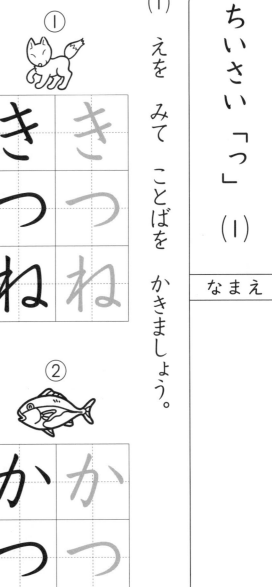

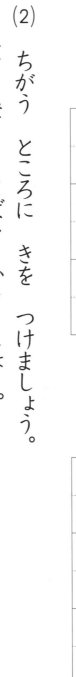

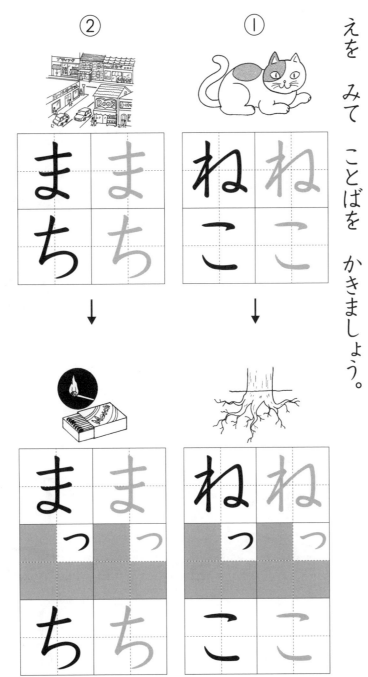

ちいさい「っ」(2)

なまえ

(1) えを　みて　ことばを　かきましょう。

①

きつね

②

かつお

(2) ちがう　ところに　きを　つけましょう。
えを　みて　ことばを　かきましょう。

①

ねこ

↓

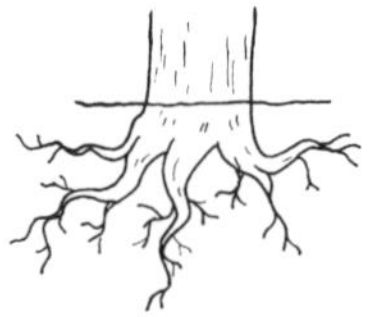

ねっこ

②

まち

↓

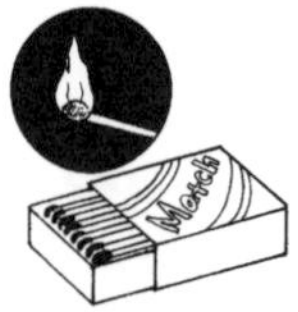

まっち

(3) えを　みて　ことばを　よみましょう。
□に　きを　つけて　かきましょう。

①

ばった

②

しっぽ

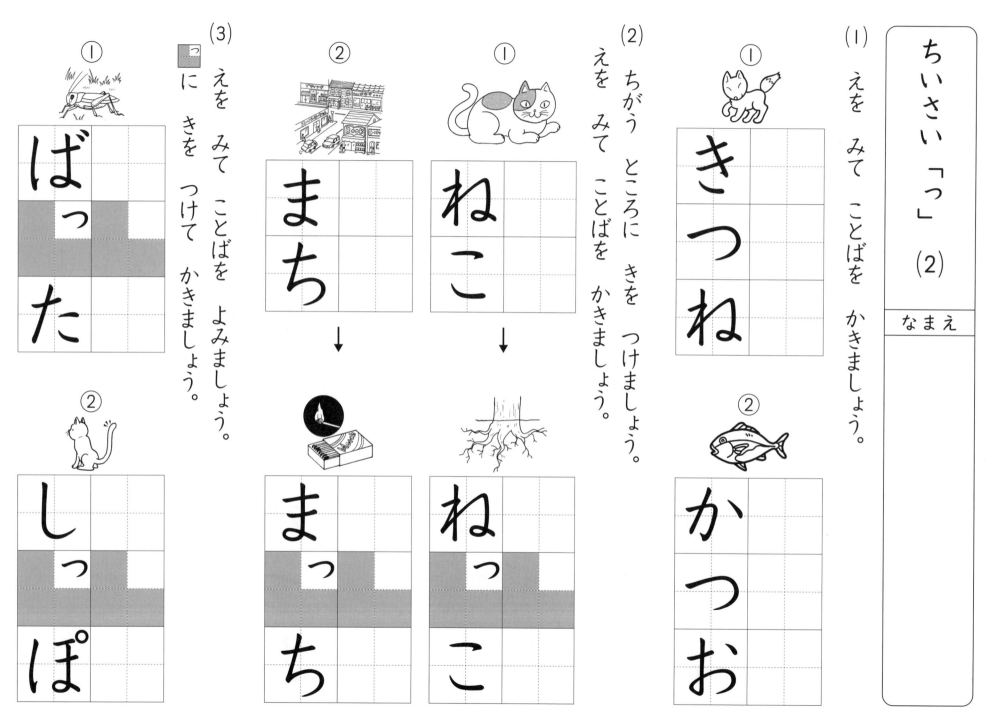

ちいさい「っ」(3)

なまえ

(1) えを　みて　ことばを　かきましょう。

①

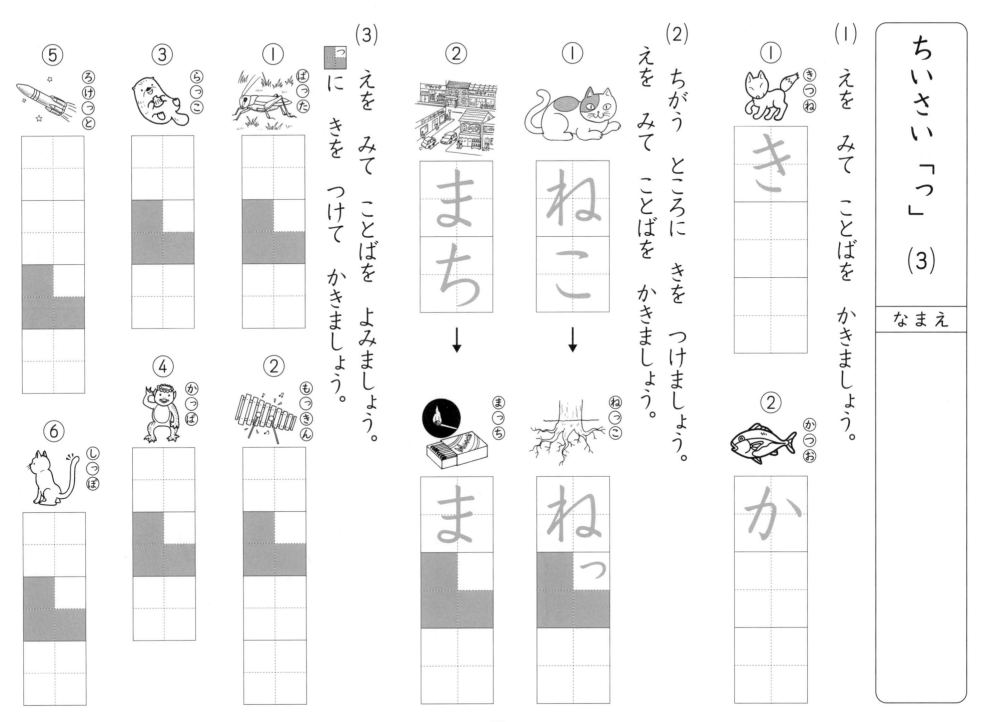

き

②

か

(2) ちがう　ところに　きを　つけましょう。えを　みて　ことばを　かきましょう。

①

ねこ

↓

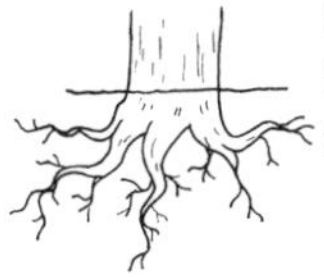

ねっ

②

まち

↓

ま

(3) えを　みて　ことばを　よみましょう。っ　に　きを　つけて　かきましょう。

①

②

③

④

⑤
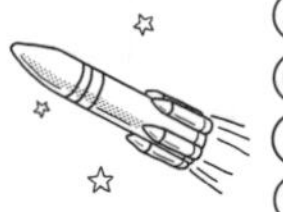

⑥

のばす おん (1)
あ・い・う・え

えを みて ことばを かきましょう。なぞって かきましょう。

なまえ

あ

おかあさん　おかあさん

おばあさん　おばあさん

い

おじいさん　おじいさん

しいたけ　しいたけ

う

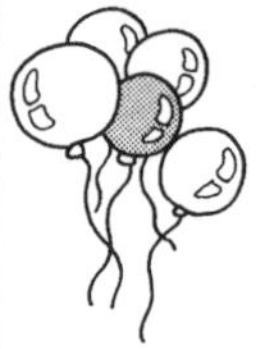

ふうせん　ふうせん

すうじ　すうじ

え

おねえさん　おねえさん

とけい　とけい

「い」と かいて 「え」と よみます。

とけい○　とけえ×

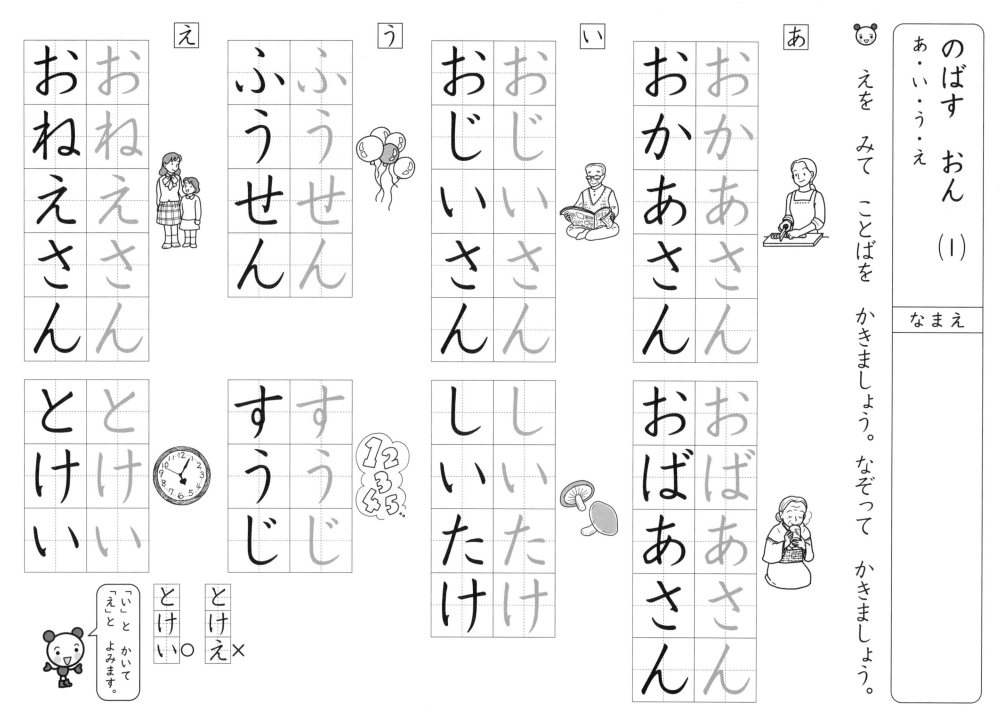

のばす おん (2)

あ・い・う・え

なまえ

えを みて ことばを かきましょう。

あ

おかあさん

おばあさん

い

おじいさん

しいたけ

う

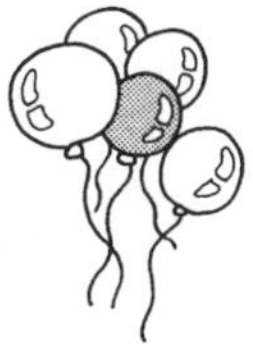

ふうせん

すうじ

え

おねえさん

とけい

せんせえ×

せんせい○

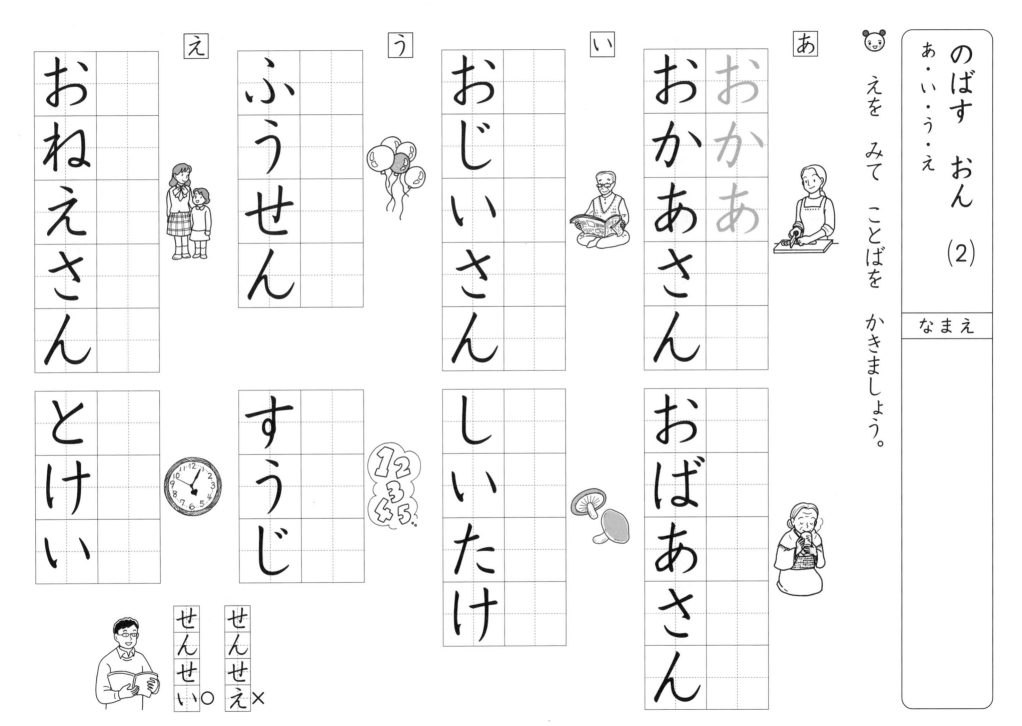

のばす おん (3)

あ・い・う・え

なまえ

えを みて ことばを かきましょう。

あ

おかあさん

おばあさん

い

おじいさん

しいたけ

う

ふうせん

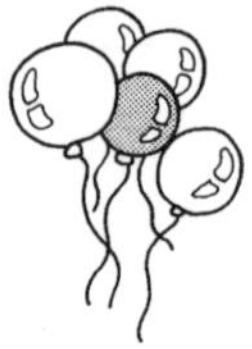

すうじ

え

おねえさん

とけい

せんせい

せんべい

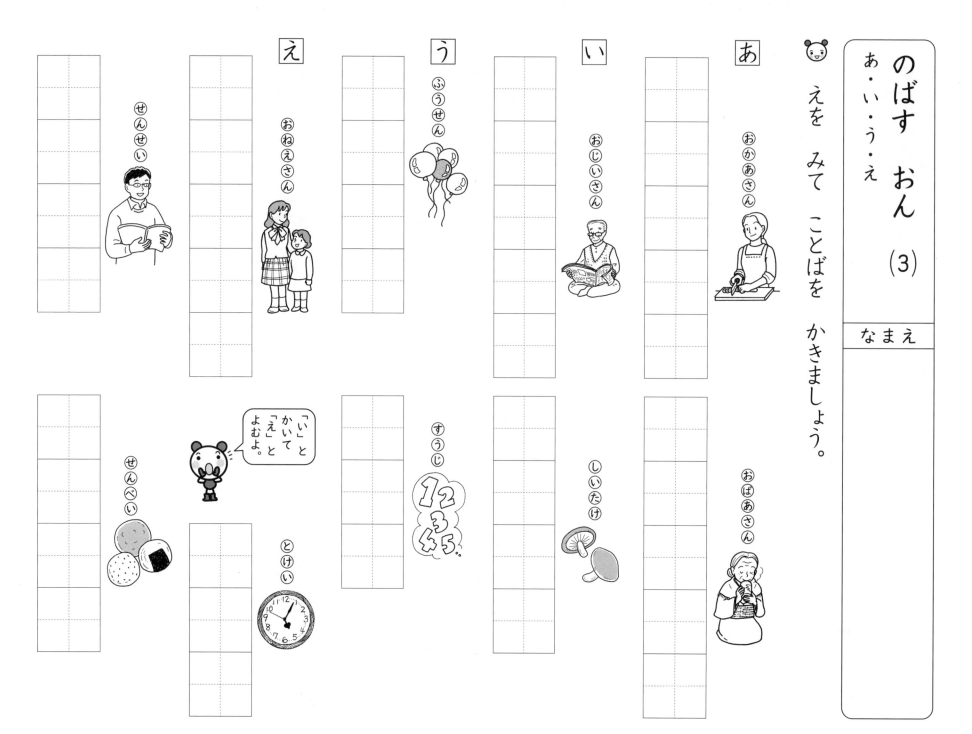

のばす おん(4)

お(とくべつな ながい おん)

なまえ

(1) えを みて ことばを かきましょう。

お → う

①

おとうさん

②
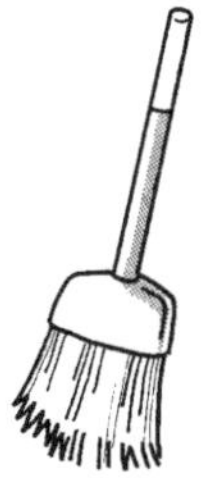
ほうき

③

そうじ

④

こうえん

(2) えを みて ことばを かきましょう。

お

①

こおろぎ

②

こおり

③

おおかみ

④

おおきい

のばす おん (5)

お（とくべつな ながい おん）

なまえ

(1) えを みて ことばを かきましょう。

お → う

おとーさん ×

おとおさん ×

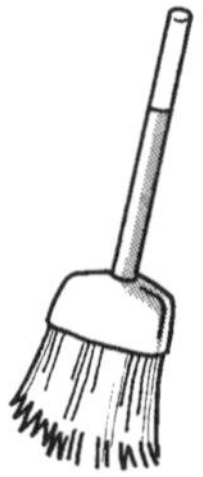

① おとうさん

② ほうき

③ そうじ

④ こうえん

(2) えを みて、ことばを かきましょう。

お

① こおろぎ

② こおり

③ おおかみ

④ おおきい

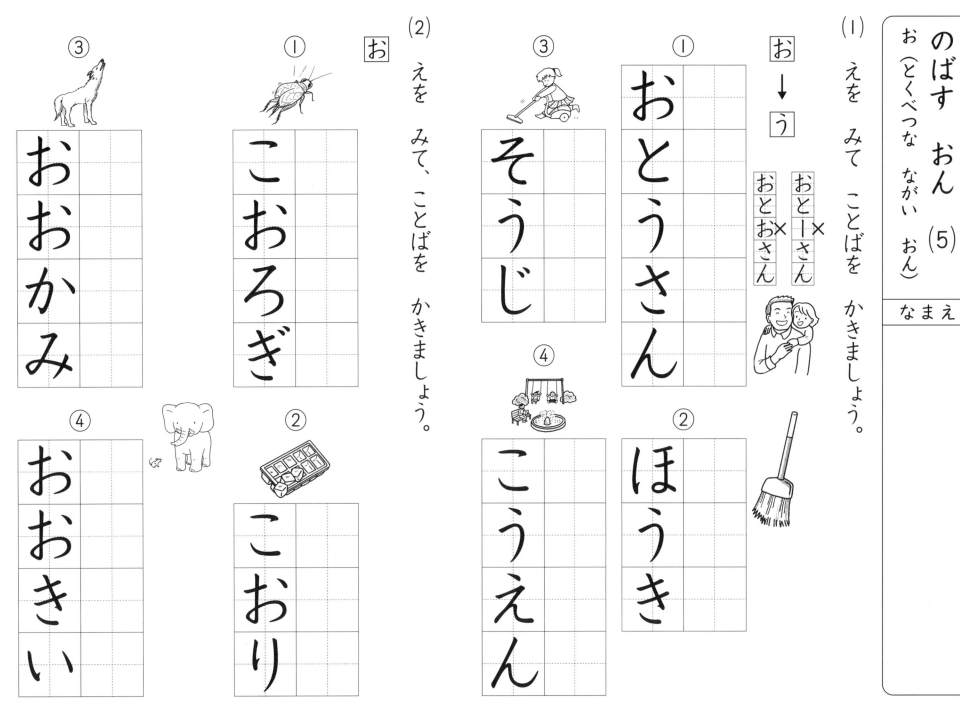

のばす おん (6)
お(とくべつな ながい おん)

なまえ

(1) えを みて ことばを かきましょう。

①

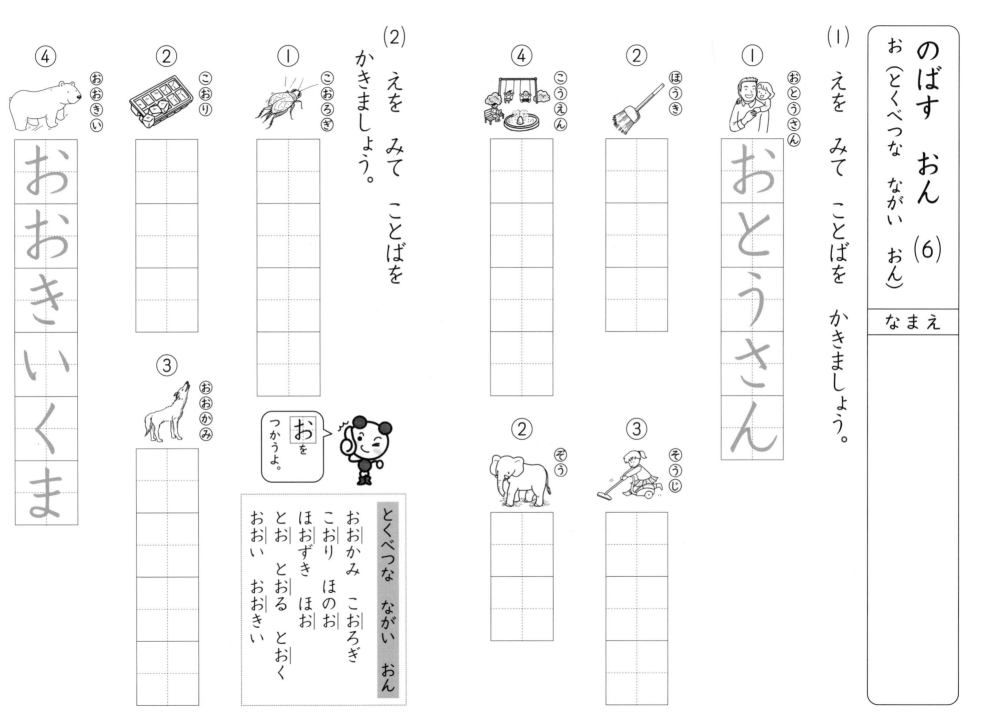

おとうさん

②

③

④

②

(2) えを みて ことばを かきましょう。

①

とくべつな ながい おん

おおかみ　こおろぎ
こおり　ほのお
ほおずき　ほお
とお　とおる　とおく
おおい　おおきい

②

③

④

おおきいくま

のばす　おん　(7)

まとめ①

なまえ

(1)　えを　みて　のばす　おんの　じを　□に　かきましょう。

①

おか□さん

②

おば□さん

③

おじ□さん

④

おと□さん

⑤

おと□と

⑥

おね□さん

⑦

おに□さん

⑧

いも□と

(2)　えを　みて　ただしい　じを　えらんで　かきましょう。

①

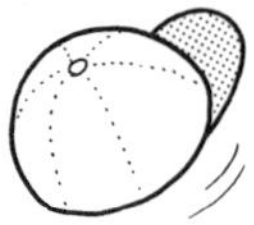

ぼ□し　（う・お）

②

とけ□　（え・い）

③

せんせ□　（え・い）

④

ほ□き　（う・お）

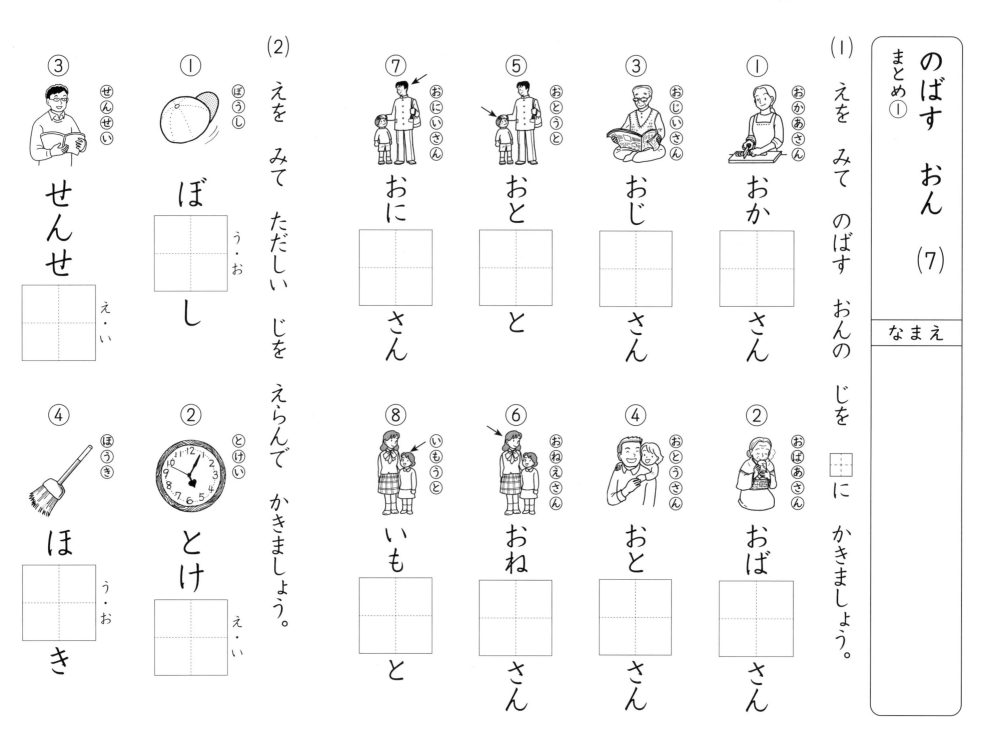

のばす おん (8)
まとめ②

なまえ

(1) ただしい かきかたの ことばに ◯を つけましょう。

①

（　）たいよう
（　）たいよお

②

（　）ひこおき
（　）ひこうき

③

（　）ゆうれい
（　）ゆうれえ

④

（　）ぞお
（　）ぞう

(2) えを みて ことばを かきましょう。
□に のばす おんの じを かきましょう。

①
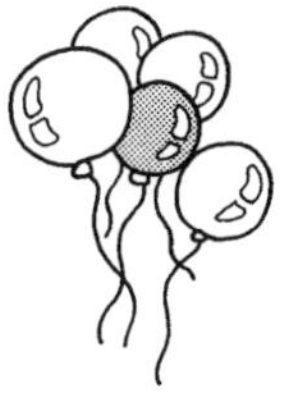
ふ□せん

②
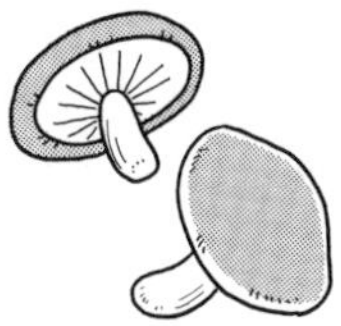
し□たけ

③

え□がを みに いく。

④

す□じを かく。

のばす おん (9)

まとめ③

なまえ

(1) ただしい かきかたの ことばに ○を つけましょう。

① 

( )かきごおり
( )かきごうり

② 

( )おおさま
( )おうさま

③ 

( )こうろぎ
( )こおろぎ

④ 

( )とお かぞえる
( )とう かぞえる

⑤ 

( )おおきな き
( )おうきな き

⑥ 

( )そおじ
( )そうじ

(2) えを みて、ことばを かきましょう。

① 

おおかみ

＿＿＿＿ が とおる。

② 

おとうさん

＿＿＿＿ と こうえん へ いく。

ちいさい「や」「ゆ」「よ」(1)

なまえ

ちがう ところに きを つけて、かきましょう。よみましょう。

①

かしや　かしや

②

かしゃ　かしゃ

③

いしや　いしや

④

いしゃ　いしゃ

⑤

おもちや　おもちや

⑥

おもちゃ　おもちゃ

⑦

おかゆ　おかゆ

⑧

せんしゅ　せんしゅ

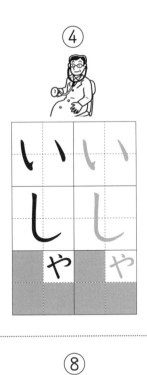

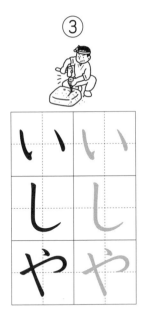

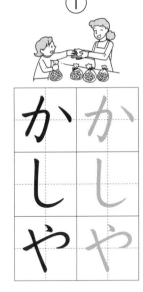

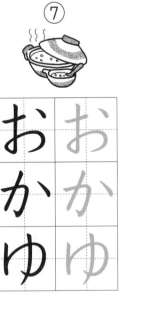

ちいさい「や」「ゅ」「ょ」（2）

なまえ

ちがう ところに きを つけて、かきましょう。よみましょう。

①

かしや

②

かしゃ

③

いしや

④

いしゃ

⑤

おもちや

⑥

おもちゃ

⑦

おかゆ

⑧

せんしゅ

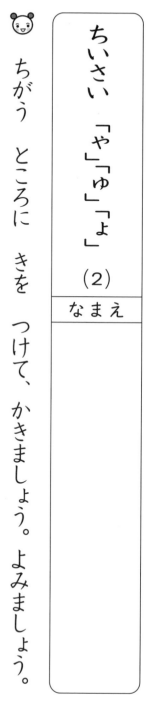

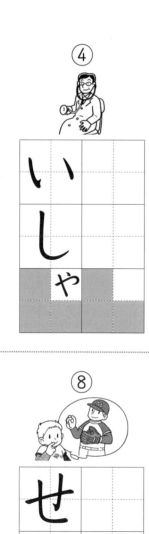

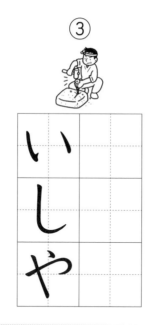

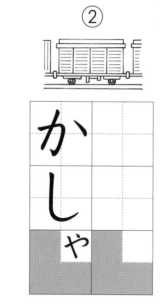

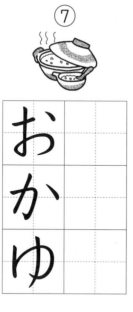

ちいさい「や」「ゆ」「よ」(3)

なまえ

(1) えを みて ことばを かきましょう。ちがう ところに きを つけましょう。

① かしや

② かしや

③ いしや

④ いしや

⑤ おもちや

⑥ おもちや

⑦ おかゆ

⑧ せんしゆ

(2) えを みて ことばを かきましょう。

① きねん　　を とる。

しやしん

② 　　すくいを する。

きんぎよ

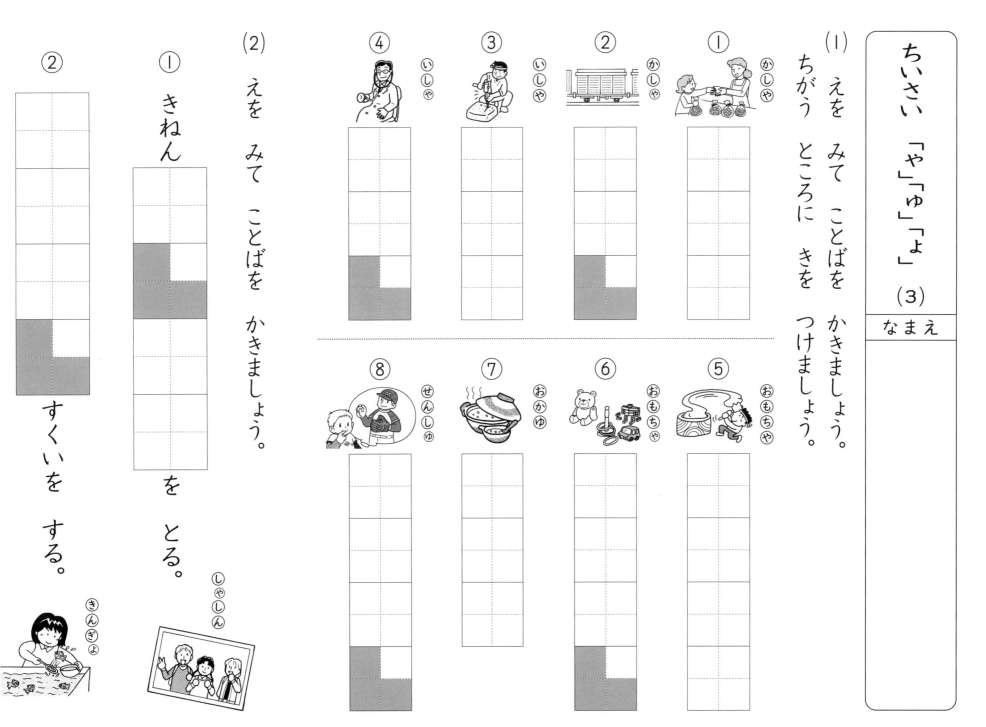

ちいさい「や」「ゆ」「よ」 (4)
のばす おん

なまえ

えを みて、ことばを かきましょう。
ちいさい「や」「ゆ」「よ」に きを つけましょう。

①

おばけを みて、「きゃあ」と いう。

②

きゅうしょく

③

やきゅう

④

りゅう

⑤

ひょう

⑥

しょうゆ

⑦

おしょうがつ

⑧

にんぎょう

きょうりゅう

ちゅうしゃ

ちいさい「ゃ」「ゅ」「ょ」(5)
のばす おん

なまえ

えを みて、ことばを かきましょう。
ちいさい「ゃ」「ゅ」「ょ」の もじに きを つけましょう。

①

おばけを みて、「きゃあ」と いう。

②

きゅうしょく

③

やきゅう

④

りゅう

⑤

ひょう

⑥

しょうゆ

⑦

おしょうがつ

⑧

にんぎょう

じょうろ

ぎゅうにゅう

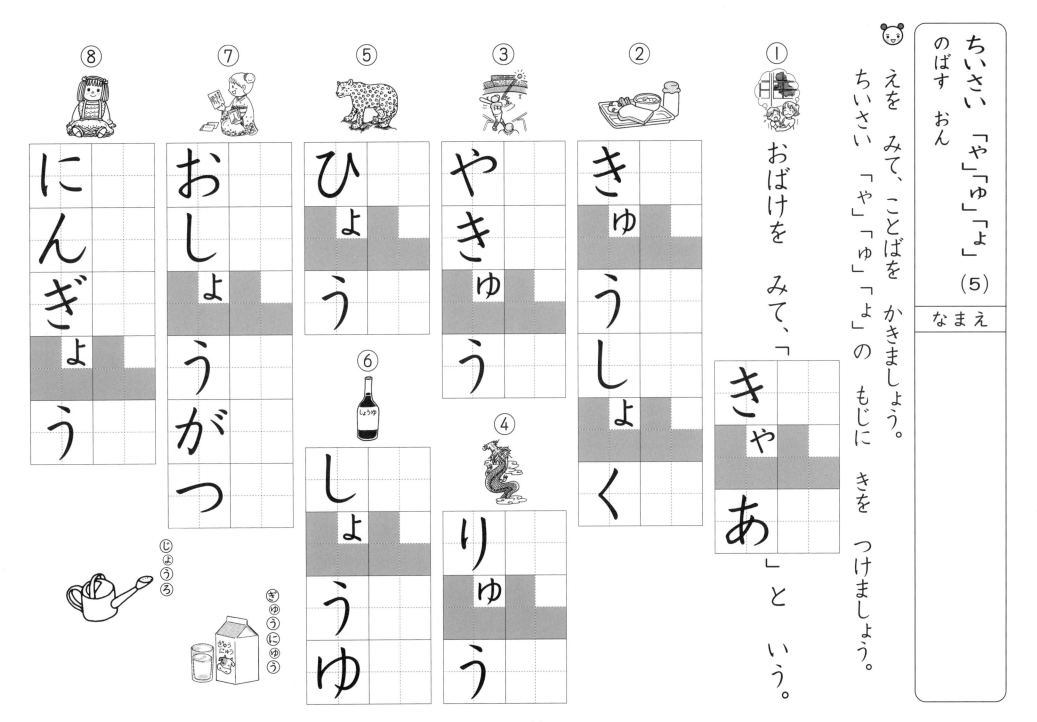

ちいさい「や」「ゆ」「よ」（6）
のばす　おん

なまえ

えを　みて　かきましょう。ちいさい「や」「ゆ」「よ」と　のばす　おんの　じに　きを　つけましょう。

①

きゃあ

おばけを　みて、「　　」と　いう。

②

きゅうしょく

③

やきゅう

④

りゅう

⑤

ひょう

⑥

しょうゆ

⑦

おしょうがつ

⑧

にんぎょう

ちょうちょ

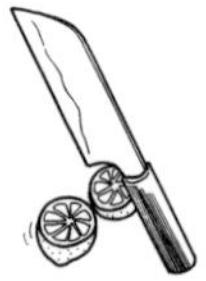
ほうちょう

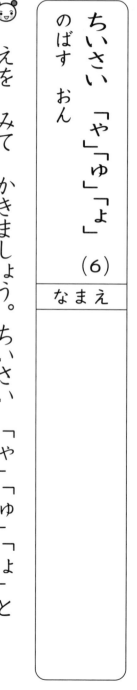

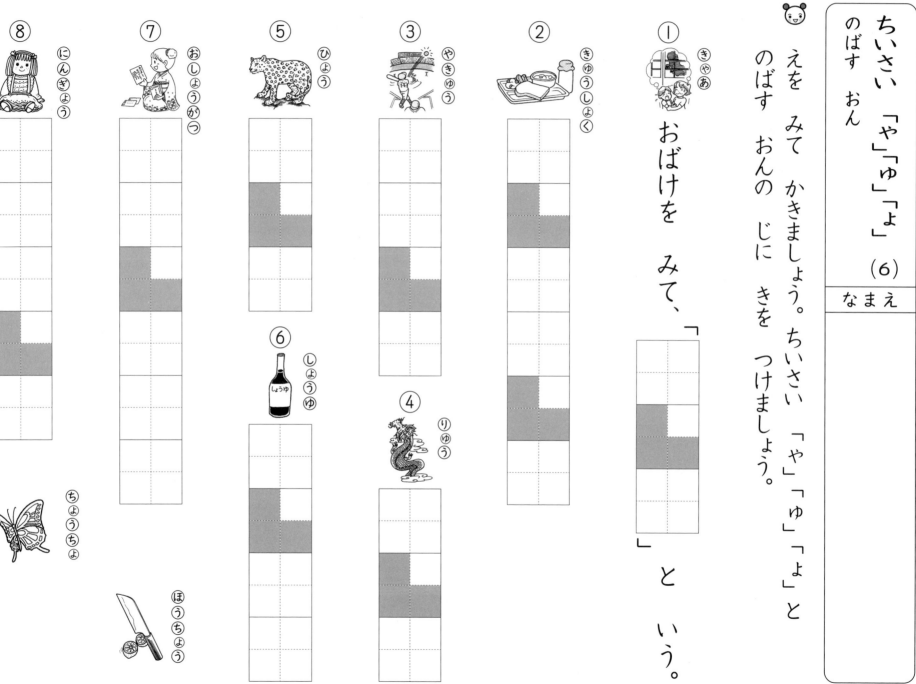

ちいさい「や」「ゆ」「よ」つまる おん (7)

なまえ

えを みて ことばを かきましょう。

①

しょっき を あらう。

②

ひゃっかてん へ いく。

③

ひょっとこ の おめん

④

しゃっくり が でる。

⑤

ひゃっぽ すすむ。

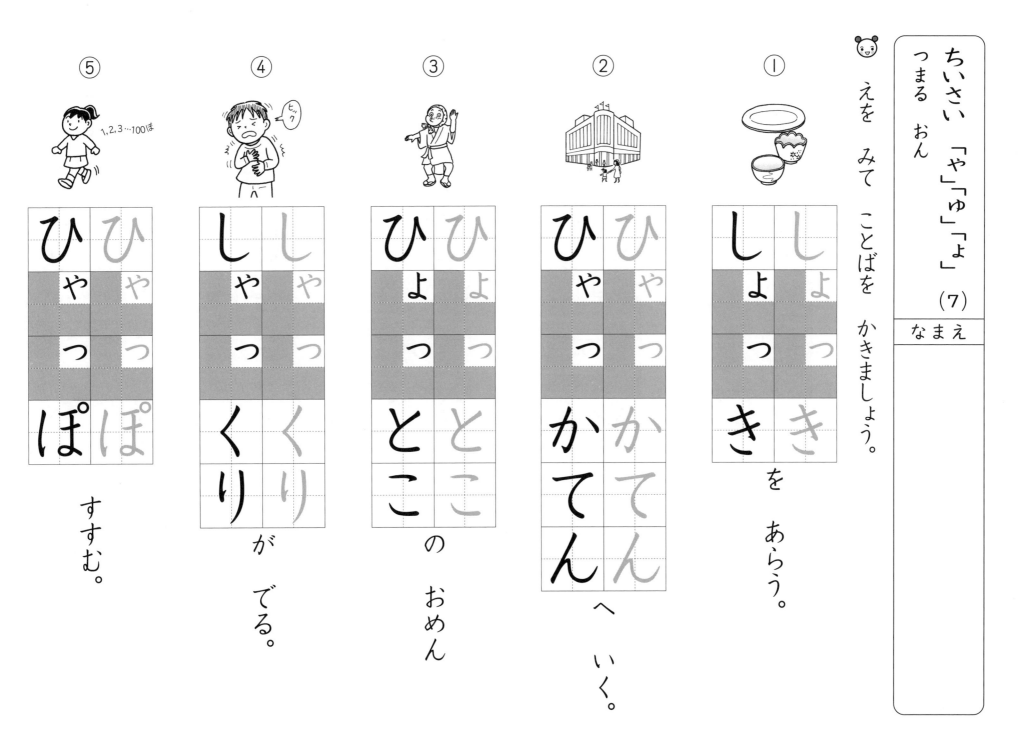

ちいさい「や」「ゆ」「よ」つまる おん (8)

なまえ

えを みて ことばを かきましょう。

①

しょっき を あらう。

②

ひゃっかてん へ いく。

③

ひょっとこ の おめん

④

しゃっくり が でる。

⑤

ひゃっぽ すすむ。

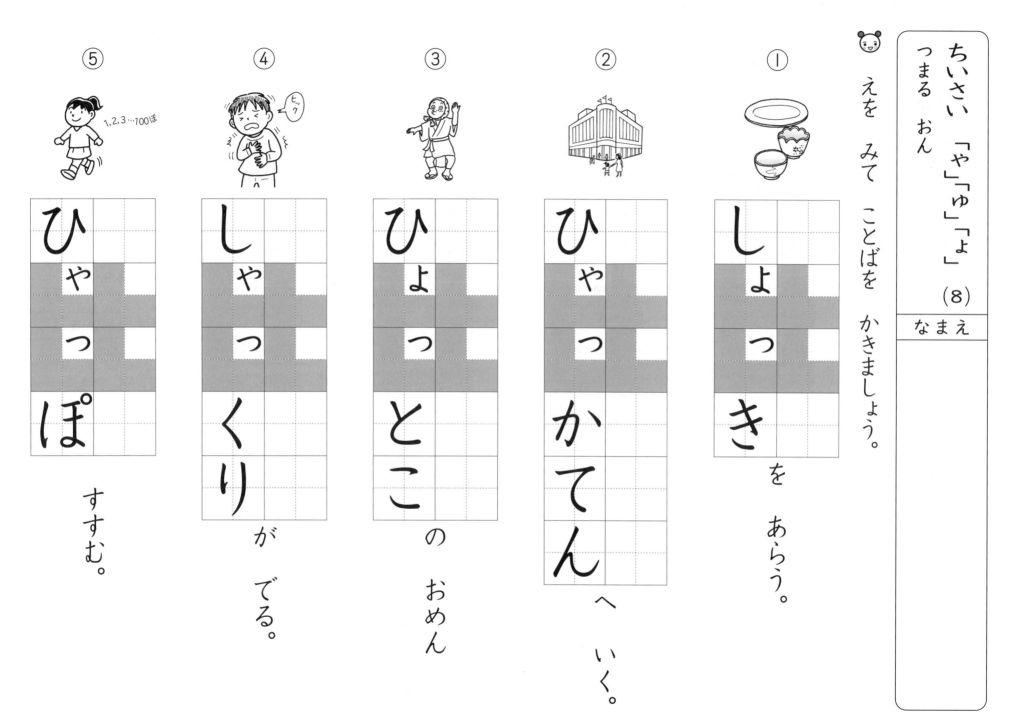

ちいさい 「や」「ゆ」「よ」 (9)
つまる おん

なまえ

えを みて ことばを かきましょう。

① しょっき

を あらう。

② ひゃっかてん

へ いく。

③ ひょっとこ

の おめん

④ しゃっくり

が でる。

⑤ ひゃっぽ

すすむ。

⑤ しょっかく

むしの

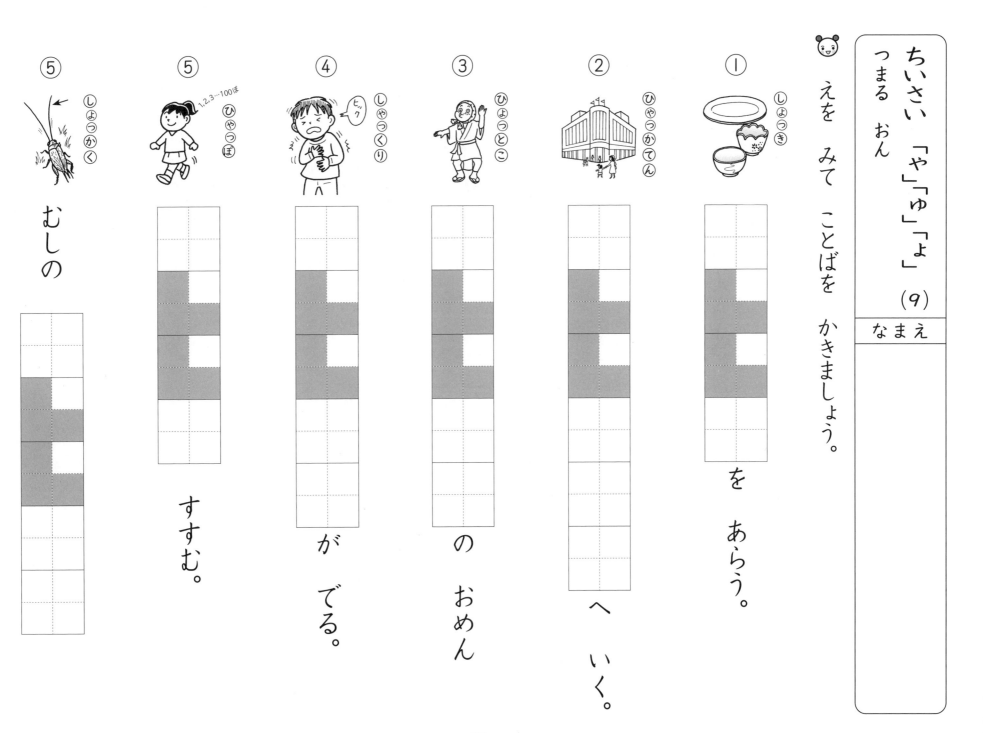

ちいさい「ゃ」「ゅ」「ょ」 まとめ①

(10)

なまえ

(1) えと あう ことばを ——せんで むすびましょう。

① ア

① イ

② ア

② イ

びよういん

びょういん

いしや

いしゃ

(2) つぎの ことばを ただしく かきなおしましょう。

① 
しやしん
しゃしん

② 
きんぎよ

③ 
きやべつ

④ 
かぼちや

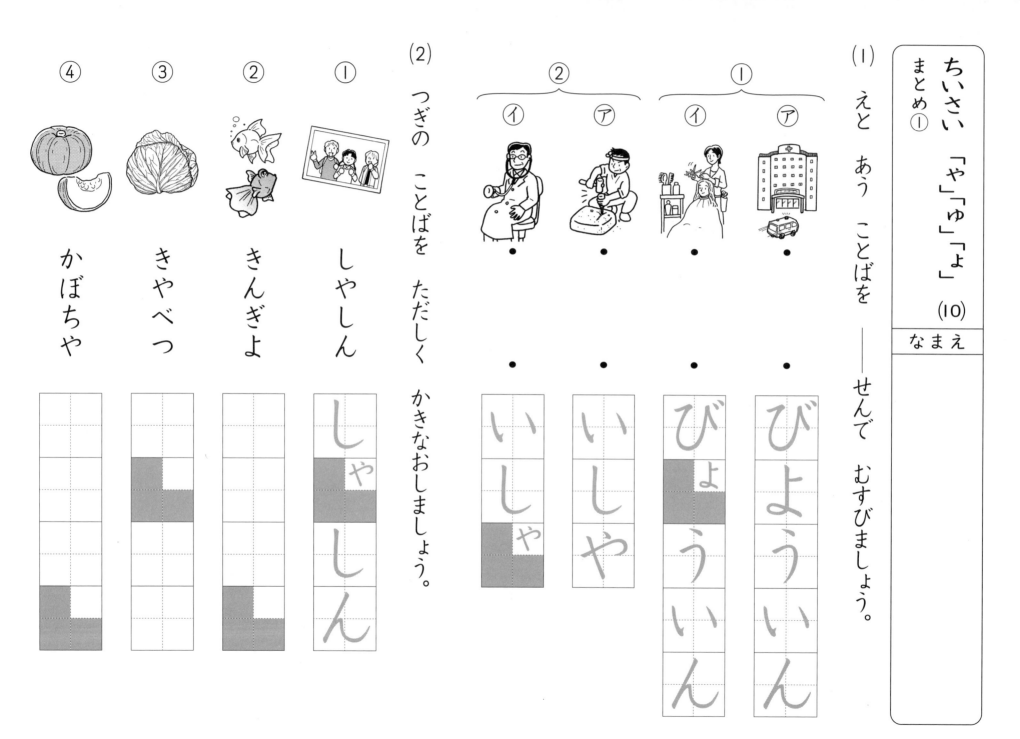

ちいさい「や」「ゆ」「よ」 (11)

まとめ②

なまえ

(1) つぎの ことばを ただしく かきなおしましょう。

① 

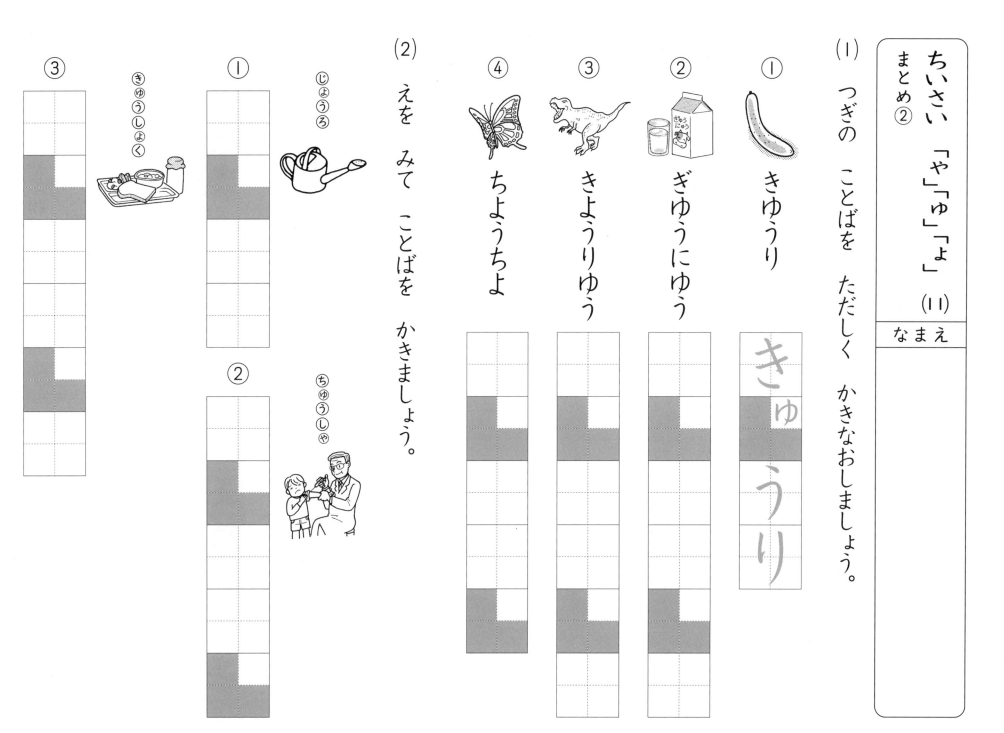

きゆうり

きゅうり

② 

ぎゆうにゆう

③ 

きようりゆう

④ 

ちようちよ

(2) えを みて ことばを かきましょう。

① じょうろ

② ちゅうしゃ

③ きゅうしょく

ちいさい「や」「ゆ」「よ」(12)

まとめ③

なまえ

(1) つぎの ことばを ただしく かきなおしましょう。

① 

しゆつぱつ

しゅっぱつ

② 

しよつき

③ 

ひやつぴき

④ 

しやつくり

(2) えを みて、ただしい ことばに ○を つけましょう。

① 

（　）ほうちよう
（　）ほうちょう

② 

（　）にんぎょう
（　）にんぎよう

③ 

（　）しよつかく
（　）しょっかく
（　）しょつかく

④ 

（　）ひやつかてん
（　）ひゃつかてん
（　）ひゃっかてん

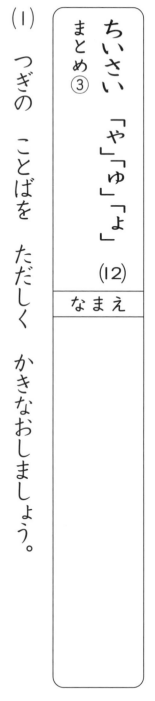

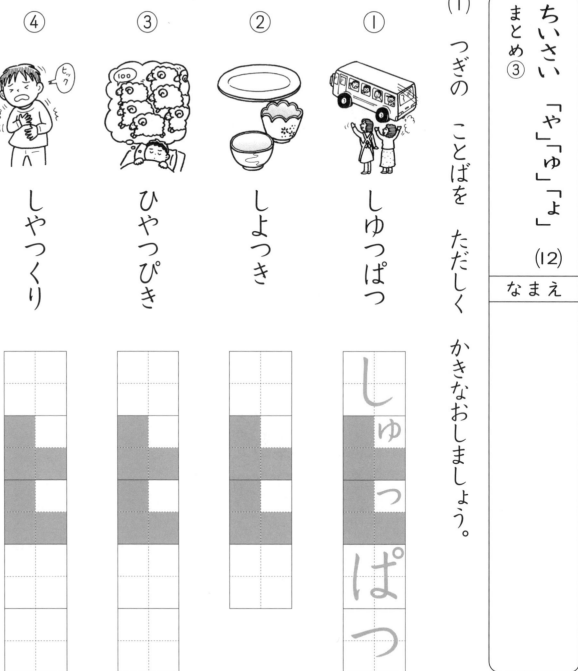

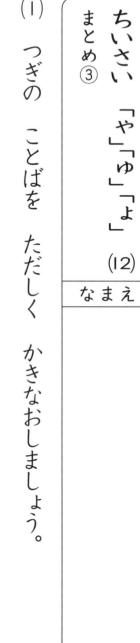

ことばあそびうたを　つくろう　(1)

なまえ

(1)　えを　みて、どんな　ようすか、おもいうかぶ　たべものを　かきましょう。

①

つるつる　つるつる
うどん　うどん

②

ほかほか　ほかほか
ごはん　ごはん

③

ぷるぷる　ぷるぷる
ぷりん　ぷりん

ふわふわ　わたあめ

ぱりぱり　せんべい

(2)　えを　みて、なきごえや　ようすから、おもいうかぶ　どうぶつを　かきましょう。

①

わんわん　わんわん
いぬ　いぬ

②

けろけろ　けろけろ
かえる　かえる

もこもこ　ひつじ

ぴょんぴょん　うさぎ

ことばあそびうたを　つくろう　(2)

なまえ

(1)　えを　みて、どんな　ようすか、おもいうかぶ　たべものを　かきましょう。

①

つるつる
うどん

②

ほかほか
ごはん

③

ぷるぷる
ぷりん

(2)　えを　みて、なきごえや　ようすから、おもいうかぶ　どうぶつを　かきましょう。

①

わんわん
いぬ

②

けろけろ
かえる

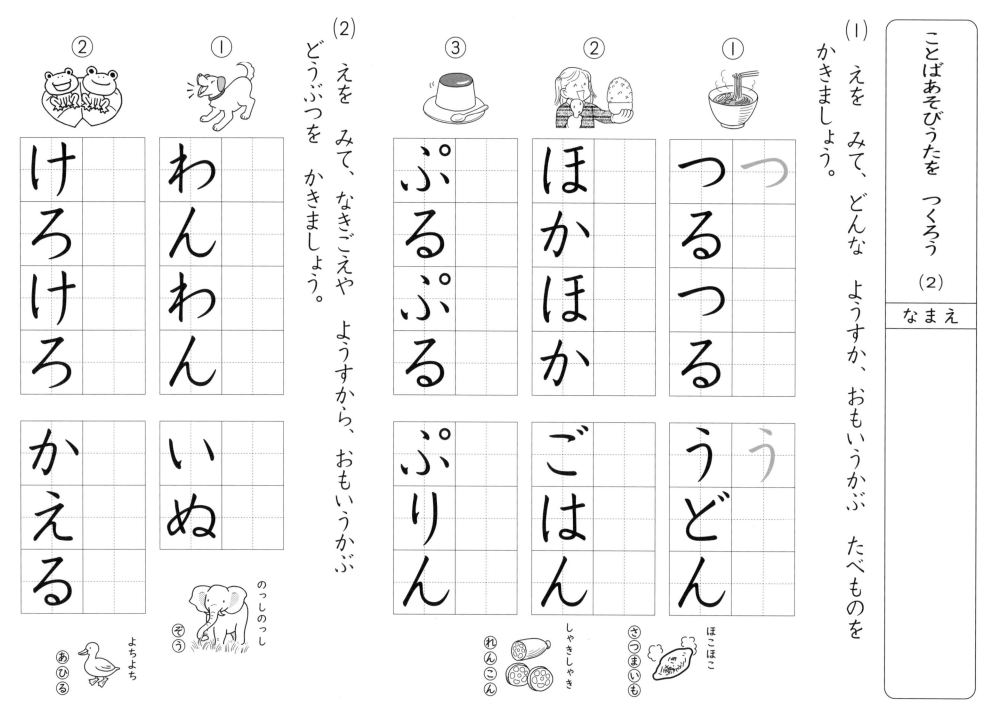

ことばあそびうたを　つくろう　(3)

なまえ

(1)　おとや　ようすから　おもいうかぶ　ことばを　□　から　えらんで　かきましょう。

たべもの

①

つるつる

②

ぷるぷる

③

ほかほか

④

ふわふわ

ごはん
うどん
わたあめ
ぷりん

(2)　なきごえや　ようすから　おもいうかぶ　ことばを　□　から　えらんで　かきましょう。

どうぶつ

①

わんわん

②

けろけろ

③

もこもこ

かえる
いぬ
ひつじ

かんじの　はなし　(1)

なまえ

どんな　かんじが　できましたか。
□に　かきましょう。

①

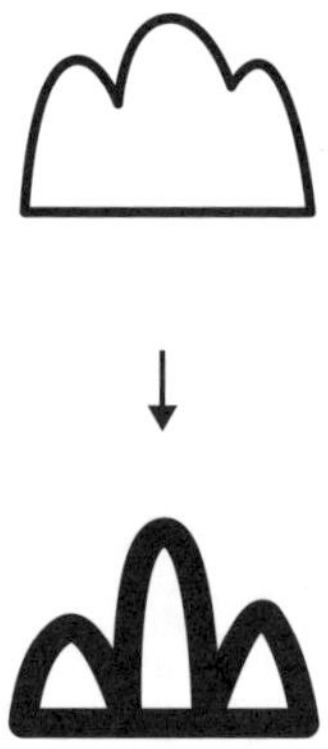

↓

山《やま》

②

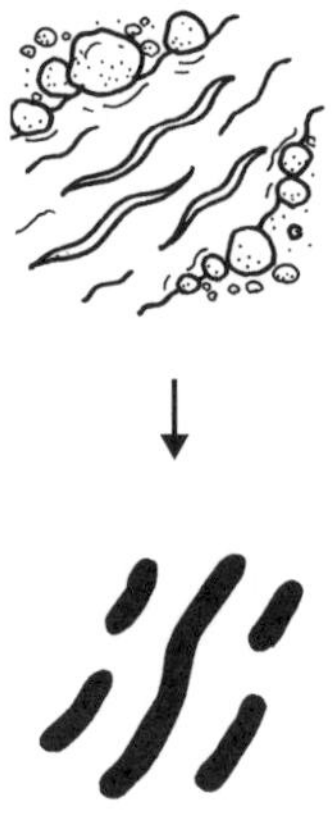

↓

川《かわ》

③

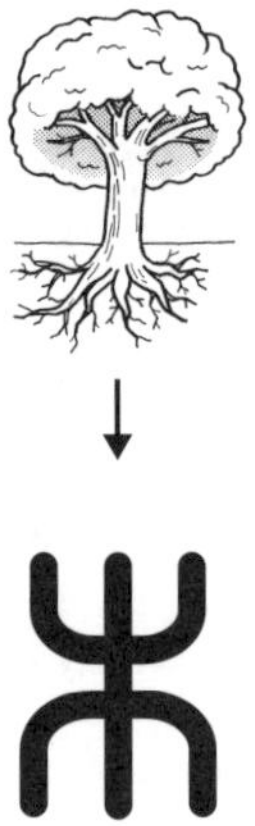

↓

木《き》

④

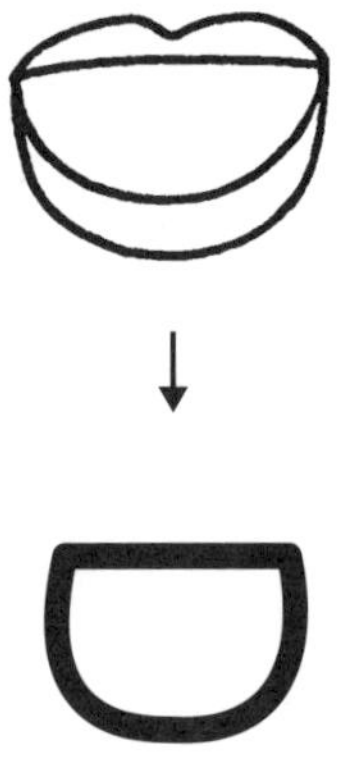

↓

口《くち》

⑤

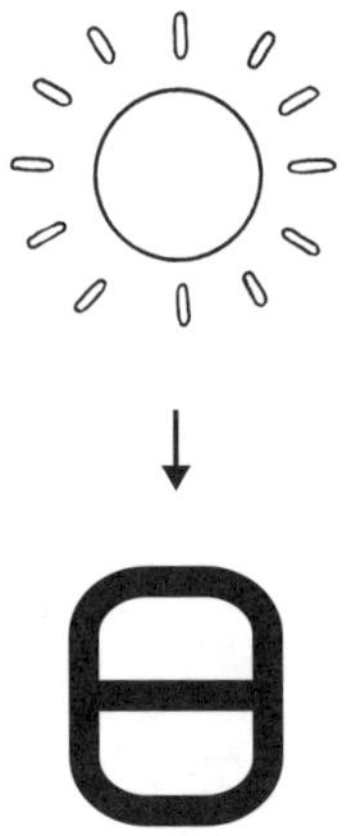

↓

日《ひ》

⑥

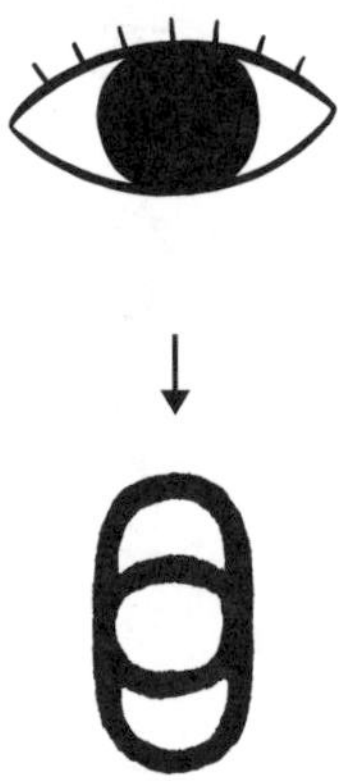

↓

目《め》

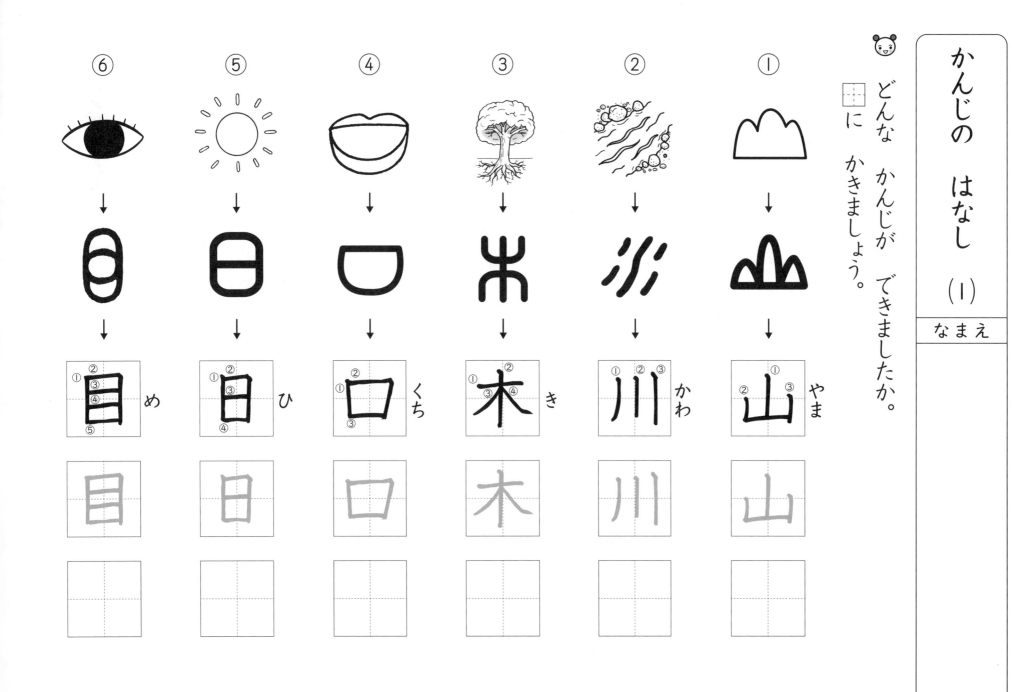

かんじの はなし (2)

なまえ

どんな かんじが できましたか。
□に かきましょう。

①

上《うえ》

②

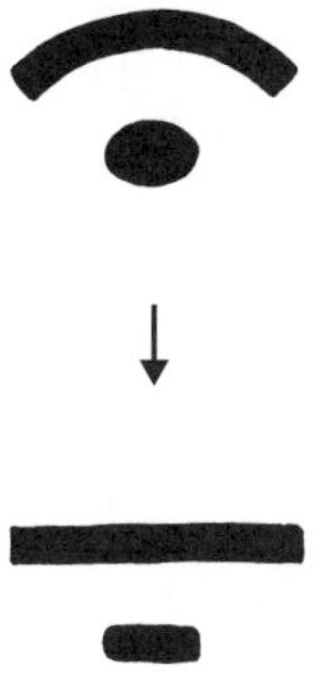

下《した》

③

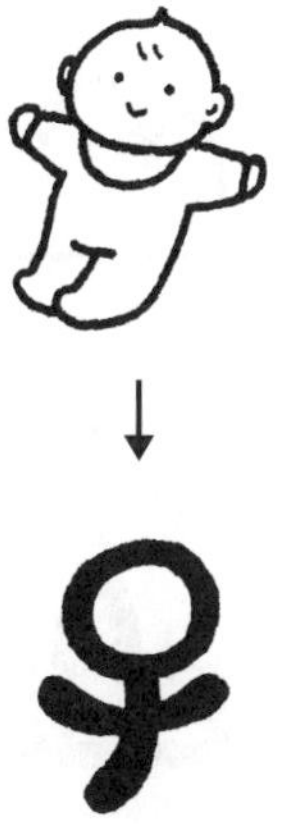

子《こ》

④

人《ひと》

⑤

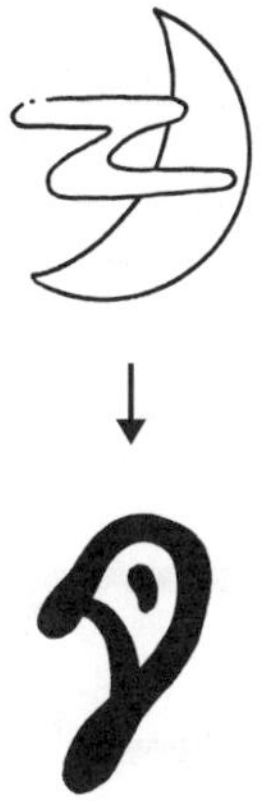

月《つき》

⑥

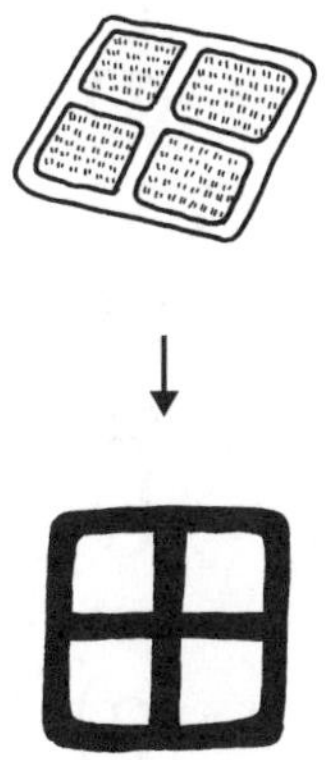

田《た》

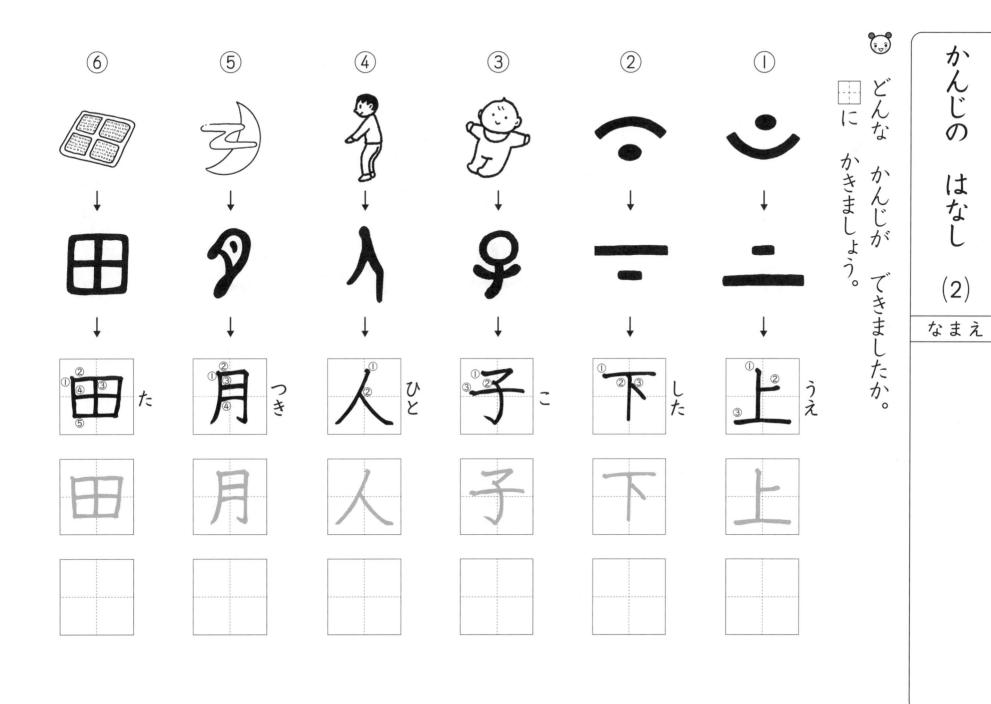

かんじの はなし (3)

なまえ

(1) どんな かんじが できましたか。――せんで むすびましょう。

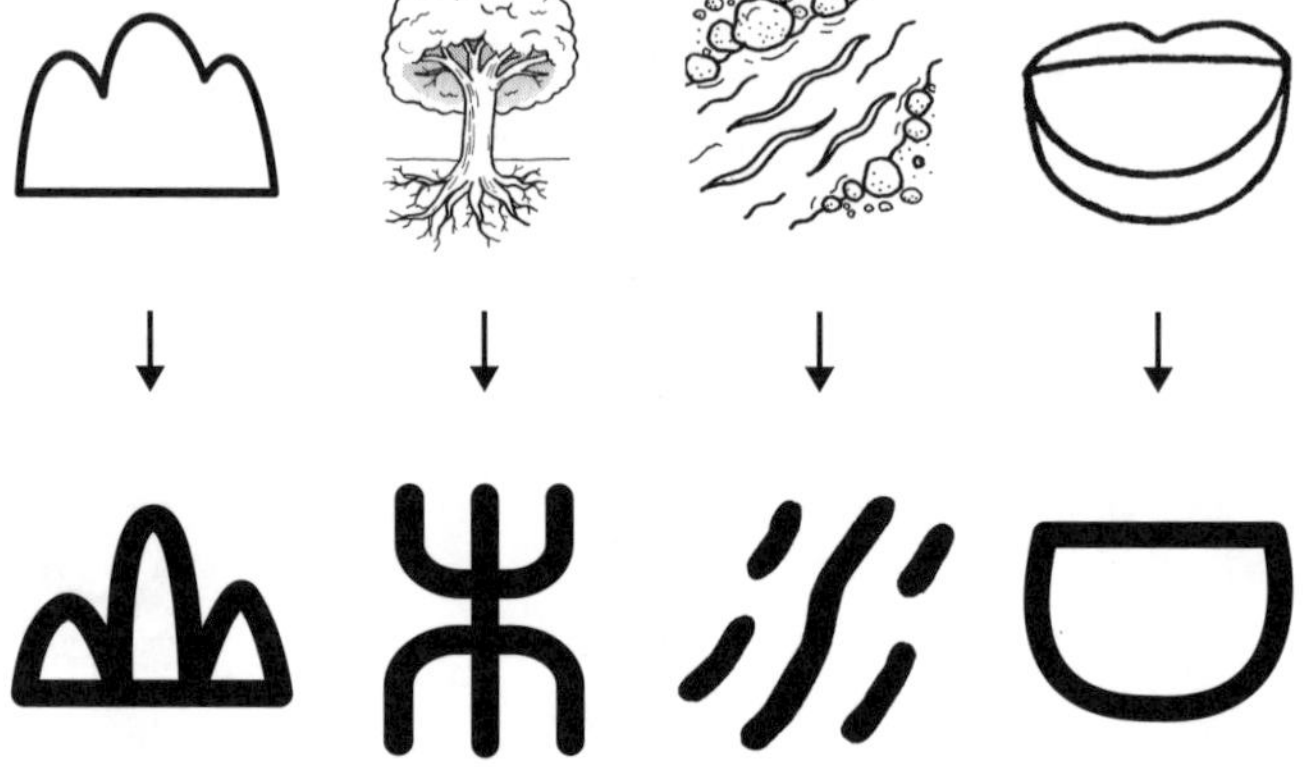

① 山

② 口

③ 川

④ 木

(2) えや しるしを かんじに なおして かきましょう。
かんじは □ から えらびましょう。

① つくえの  □ に かくれる。

②  □ の  □ に のぼる。

③  □ を あける。

④ 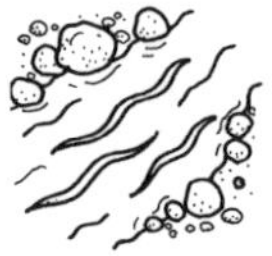 □ が ながれる。

山 川 目 下 上

解答例

本書の解答は，あくまでもひとつの例です。児童に取り組ませる前に，必ず指導される方が問題を解いてください。指導される方の作られた解答をもとに，児童の多様な考えに寄り添って○つけをお願いします。

（4～16頁は略）

17頁

あさの　おひさま

なまえ

つぎの　ぶんを　2かい　よんで　こたえましょう

あさの　おひさま

あさの　おひさま
おおきいな
のっこり　うみから
おきだした
あさの　おひさま
あかい　かお
ざぶんと　うみで
あらったよ

（令和二年度版　光村図書　こくご　一上　かざぐるま　かんざわ　としこ）

(1) あさの　おひさまは、どんな　ふうに　おきだしましたか。

のっこり

(2) あさの　おひさまは、どこから　おきだしましたか。

うみ

(3) あさの　おひさまは、どんな　かおを　して　いますか。

あかい　かお

(4) あさの　おひさまは、かおを　どんな　ふうに　あらいましたか。○を　つけましょう。

(　) のっこり　うみで　あらったよ。
(◯) ざぶんと　うみで　あらったよ。

17

18頁

はなの　みち

なまえ

つぎの　ぶんしょうを　2かい　よんで　こたえましょう。

なにかが　いっぱい　はいった　ふくろを　みつけた　くまさんは、ともだちの　りすさんの　ところに　ききに　いきました。

1

くまさんが、
ふくろを　あけました。
なにも　ありません。
「しまった。
あなが　あいて
いた。」

2

あたたかい　かぜが
ふきはじめました。
ながい　ながい、
はなの
いっぽんみちが
できました。

（令和二年度版　光村図書　こくご　一上　かざぐるま　おか　のぶこ）

1

(1) くまさんは、なにを　あけましたか。

ふくろ

(2) ふくろの　なかには　なにも　なかったのは　なぜですか。○をつけましょう。

(◯) ふくろに　あなが　あいて　いたから。
(　) とちゅうで、おいて　きたから。

2

(1) どんな　いっぽん　みちが　できましたか。

ながい、ながい　はなの　いっぽんみち。

18

19頁

くちばし　(1)

なまえ

つぎの　ぶんしょうを　2かい　よみ、えを　みて　こたえましょう。

1

いろいろな　とりの
くちばしの　かたちを
みて　みましょう。

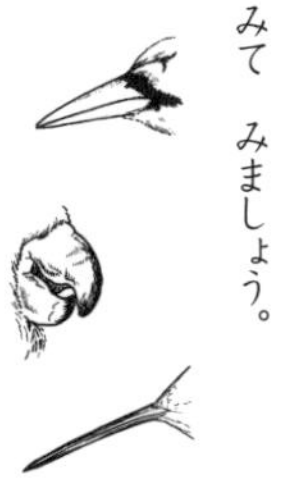

2

ほそくて、
ながく　のびた
くちばしです。
㋐これは、なんの
くちばしでしょう。

（令和二年度版　光村図書　こくご　一上　かざぐるま　むらた　こういち）

1

(1) いろいろな　とりの　なにの　かたちを　みて　いますか。

くちばし

2

(1) どんな　くちばしですか。

ほそくて、ながく　のびた　くちばし

(2) ㋐これは　どの　くちばしですか。○を　つけましょう。

(　)
(◯)
(　)

19

20頁

くちばし　(2)

なまえ

つぎの　ぶんしょうを　2かい　よみ、えを　みて　こたえましょう。

1

㋐これは、
はちどりの
くちばしです。

2

はちどりは、
ほそながい　くちばしを、
はなの　なかに　いれます。
そして、はなの　みつを
すいます。

（令和二年度版　光村図書　こくご　一上　かざぐるま　むらた　こういち）

1

(1) ㋐これは、なんの　くちばしですか。

はちどり

2

(1) はちどりの　くちばしは　どんな　かたちですか。

ほそながい　くちばし

(2) はちどりは、くちばしを　なにの　なかに　いれますか。

はなの　なか

(3) はちどりは、なにを　すいますか。

はなの　みつ

20

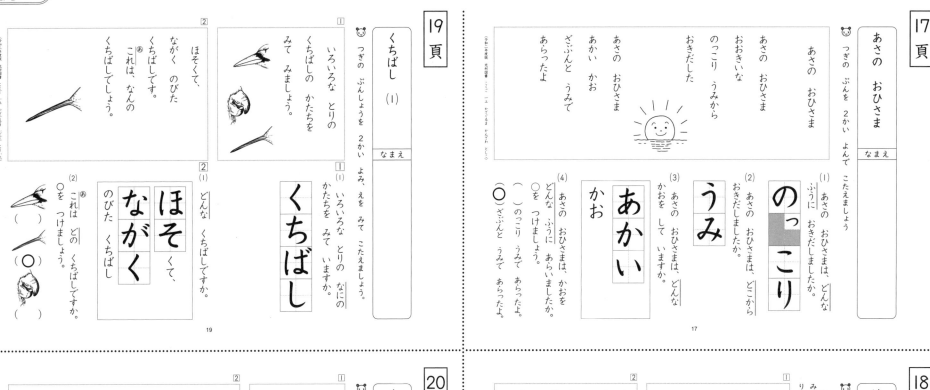

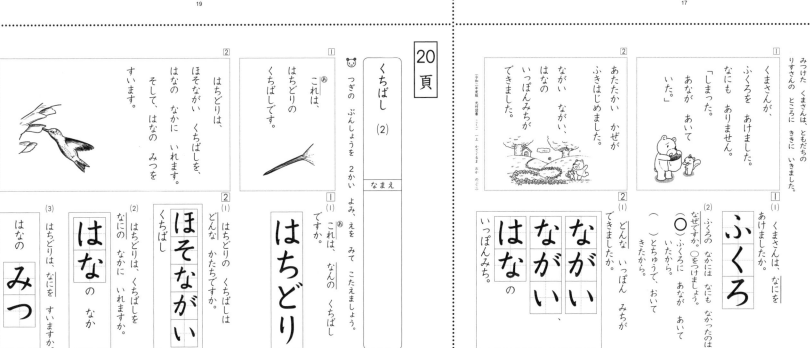

21頁

おむすび　ころりん　(1)

なまえ

つぎの　あらすじと　ぶんしょうを　2かい　よんで　こたえましょう。

むかし　おじいさんが、やまの　はたけを　たがやして　いました。おなかが　すいた　おじいさんは、おむすびの　つつみを　ひろげました。そのとき　おむすびを　ねずみの　あなに　ころがして　しまいました。すると、おむすび　ころりん　すっとんとん。ころころ　ころりん　すっとんとん。と　あなから　うたが　きこえて　きました。おじいさんは　うたに　あわせて　おどりだしました。

1　とうじょうじんぶつ　おじいさん・ねずみ

とうとう　あしを　すべらせて、ⓐじぶんも　あなへ　すっとんとん、　ねずみの　おうちに　とびこんだ。

2

おじいさん　ころりん　すっとんとん。　おむすび　たくさん　ⓘありがとう。

1

(1)　ⓐじぶんとは　だれの　ことですか。

(　)ねずみ
(○)おじいさん

(2)　なにの　おうちに　とびこみましたか。

ねずみ

2

(1)　ⓘありがとうと　いったのは　だれですか。

ねずみ

(2)　なにを　ⓘありがとうと　いって　いますか。

おむすび

22頁

おむすび　ころりん　(2)

なまえ

つぎの　ぶんしょうを　2かい　よんで　こたえましょう。

1　とうじょうじんぶつ　おじいさん・ねずみ

ⓐおいしい　ごちそう　さあ　どうぞ。　ねずみの　おどりを　みて　ください。　おれいに　こづちを　あげましょう。

2　とうじょうじんぶつ　おじいさん・おばあさん

おれいの　こづちを　てに　もって、　おうちに　かえって　おばあさんと、　おどった　おどった　すっとんとん。　こづちを　ふり　ふり　すっとんとん。

（令和二年度版　光村図書　こくご　一上　かざぐるま　はせべ　ただし）

1

(1)　ⓐおいしい　ごちそう　さあ　どうぞ。と　いったのは　だれですか。

ねずみ

(2)　おじいさんは、ねずみから、おれいに、なにを　もらいましたか。

こづち

2

(1)　おじいさんは　おうちに　かえって、だれと　おどりましたか。

おばあさん

(2)　なにを　ふりふり　おどりましたか。

こづち

23頁

おむすび　ころりん　(3)

なまえ

つぎの　ぶんを　2かい　よんで　こたえましょう。

おじいさんは、ねずみから、おれいに　こづちを　もらいました。

1　とうじょうじんぶつ　おじいさん・おばあさん

すると　どう　した　ことだろう。　ⓐこづちを　ふる　たび、　あれ　あれ　あれ　あれ、　しろい　おこめが　ざあらざら。　きんの　こばんが　ざっくざく。

2

それから　ⓘふたりは　いつまでも、　なかよく　たのしく　くらしたよ。　おむすび　ころりん　すっとんとん。　ころころ　ころりん　すっとんとん。

（令和二年度版　光村図書　こくご　一上　かざぐるま　はせべ　ただし）

1

(1)　ⓐこづちを　ふって　いるのは　だれですか。

おじいさん

(2)　こづちを　ふると　なにが　でて　きましたか。2つに　○を　つけましょう。

(○)しろい　おこめ
(○)きんの　こばん
(　)おむすび

2

(1)　ⓘふたりとは、だれと　だれの　ことですか。2つに　○を　つけましょう。

(　)ねずみ
(○)おじいさん
(○)おばあさん

(2)　ⓘふたりは、いつまでも　どんな　ふうに　くらしましたか。

なかよく　たのしく　くらしたよ。

24頁

うみの　かくれんぼ　(1)

なまえ

つぎの　ぶんしょうを　2かい　よんで　こたえましょう。

1

はまぐりが、　すなの　なかに　かくれて　います。

2

はまぐりは、　大《おお》きくて　つよい　あしを　もって　います。

3

すなの　なかに　あしを　のばして、　すばやく　もぐって　かくれます。

（令和二年度版　光村図書　こくご　一上　かざぐるま）

1

はまぐりは、どこに　かくれて　いますか。

すな　の　なか。

2

はまぐりは、どんな　あしを　もって　いますか。

はまぐりは、　大きくて　つよい　あしを　もって　います。

3

はまぐりは、どうやって　かくれますか。

すな　の　なかに　あし　を　のばして、　すばやく　もぐって　かくれます。

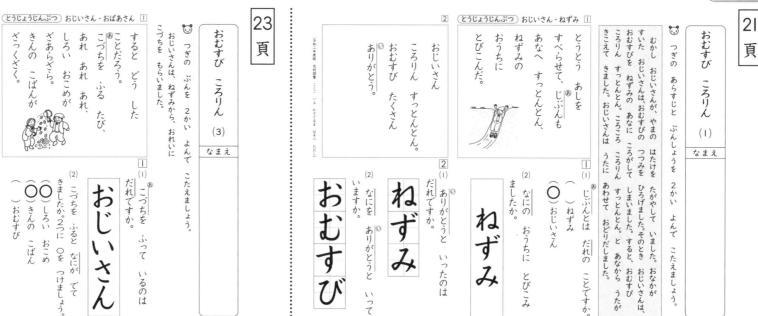

本書の解答は，あくまでもひとつの例です。児童に取り組ませる前に，必ず指導される方が問題を解いてください。指導される方の作られた解答をもとに，児童の多様な考えに寄り添って○つけをお願いします。

25頁（26・27頁は略）

うみの　かくれんぼ　(2)

なまえ

つぎの　ぶんしょうを　2かい　よんで　こたえましょう。

1
かにの　なかまの
もずくしょいが、
いわの　ちかくに
かくれて　います。

2
もずくしょいは、
はさみで、かいそうなどを
小《ちい》さく　きる　ことが
できます。

3
かいそうなどを
からだに　つけて、
かいそうに
へんしんするのです。

（令和二年度版　光村図書　こくご　一上　かざぐるま）

1　もずくしょいは、なにの　なかまですか。

かに

2　もずくしょいは、はさみで、なにが　できますか。

かいそうなどを
小《ちい》さく　きる
ことが　できます。

3　もずくしょいは、かいそうなどを　からだにつけて　なにに　へんしんしますか。

かいそう

25

28頁

かずと　かんじ
かぞえうた　(3)

なまえ

つぎの　ぶんを　2かい　よんで　こたえましょう。

一《ひと》つ　たたくと、こぶたが　一《いっ》ぴき。
二《ふた》つ　たたくと、こぶたが　二《に》ひき。
三《みっ》つ　たたくと、こぶたが　三《さん》びき。
四《よっ》つ　たたくと、こぶたが　四《よん》ひき。
五《いつ》つ　たたくと、こぶたが　五《ご》ひき。
どんどん　どんどん、ふえてくる。
六《むっ》つ　たたくと、こぶたが　六《ろっ》ぴき。
七《なな》つ　たたくと、こぶたが　七《なな》ひき。
八《やっ》つ　たたくと、こぶたが　八《はっ》ぴき。
九《ここの》つ　たたくと、こぶたが　九《きゅう》ひき。
十《とお》　たたくと、こぶたが　十《じっ》ぴき。
のはらは、こぶたで　いっぱいだ。

（令和二年度版　光村図書　こくご　一上　かざぐるま「かずと かんじ」による）

(1)　□に　あてはまる　ことばを　かきましょう。

①　かえるが　三《さん》　びき
②　かえるが　六《ろっ》　ぴき
③　かえるが　九《きゅう》　ひき
④　かえるが　十《じっ》　ぴき

28

29頁

かずと　かんじ
かぞえうた　(4)

なまえ

つぎの　ぶんを　2かい　よんで　こたえましょう。

一《ひと》つ　ひるねの　くじらが　一《いっ》とう
二《ふた》つ　ふかふか　ざぶとん　二《に》まい
三《みっ》つ　みつけた　みつばち　三《さん》びき
四《よっ》つ　よみたい　えほんが　四《よん》さつ
五《いつ》つ　いろいろ　くるまが　五《ご》だい
六《むっ》つ　むすんだ　けいとが　六《ろっ》ぽん
七《なな》つ　ならんだ　ながぐつ　七《なな》そく
八《やっ》つ　やまみち　やまゆり　八《はち》りん
九《ここの》つ　ころころ　くろまめ　九《きゅう》つぶ
十《とお》で　ともだち　にこにこ　十《じゅう》にん

（令和二年度版　東京書籍　あたらしい　こくご　一上「かぞえうた」による）

(1)　ざぶとんは　なんまい　ありますか。

［二］まい

(2)　くるまは　なんだい　ありますか。

［五］だい

(3)　ながぐつは　なんそく　ありますか。

［七］そく

(4)　ともだちは　なんにんですか。

［十］にん

29

30頁

あめですよ

なまえ

つぎの　ぶんを　2かい　よんで　こたえましょう。

あめですよ

あめ　あめ　だいすき
とん　とん　とん

あめ　あめ　きらい
ふう　ふう　ふう

あめ　あめ　だいすき
どん　どん　どん

あめ　あめ　きらい
ぶう　ぶう　ぶう

あめ　あめ　だいすき
らん　らん　らん

あかい　かさ
あかい　ながぐつ
らん　らん　らん

（令和二年度版　東京書籍　あたらしい　こくご　一上　とよた　かずひこ）

(1)　どんな　てんきの　ことを　いって　いますか。

あめ

(2)　あめが　どんな　ときに　「らん　らん　らん」と　いって　いますか。○を　つけましょう。

（○）だいすき
（　）きらい

(3)　どんな　いろの　かさを　さして　いますか。

あかいかさ

30

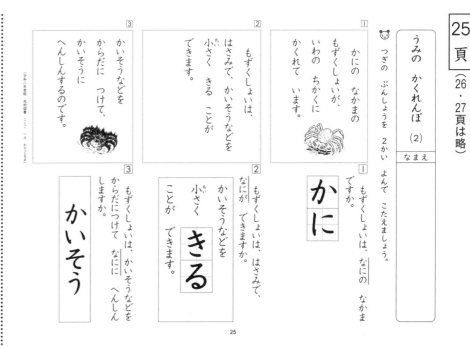

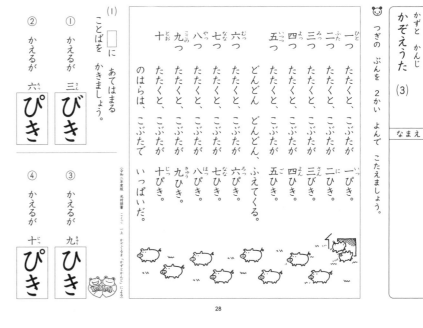

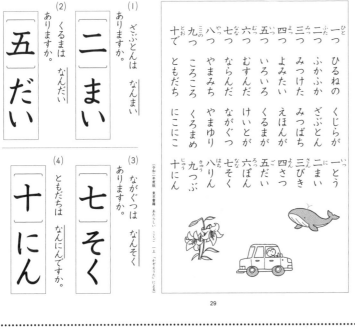

31 頁

さとうと　しお　(1)

なまえ

つぎの　ぶんしょうを　2かい　よんで　こたえましょう。

さとうと　しおには、どんな　ちがいが　あるのでしょうか。

さわって　みると　どうでしょう。

さとうは、すこし　べたべたして　います。

しおは、さらさらして　います。

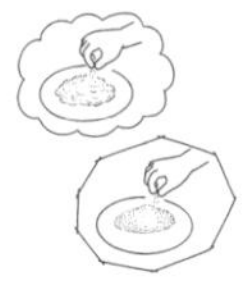

(令和二年度版　東京書籍　あたらしい　こくご　一上)

(1) なにと　なにを　さわって　みましたか。2つ　かきましょう。

さとう　しお

(2) すこし　べたべたして　いるのは　どちらですか。○を　つけましょう。

(○) さとう
( ) しお

(3) さらさらして　いるのは　どちらですか。○を　つけましょう。

( ) さとう
(○) しお

32 頁

さとうと　しお　(2)

なまえ

つぎの　ぶんしょうを　2かい　よんで　こたえましょう

なめて　みると　どうでしょう。

さとうは、あまいです。

しおは、しょっぱいです。

(令和二年度版　東京書籍　あたらしい　こくご　一上)

(1) さとうと　しおを　どうした　ときの　ちがいを　しらべて　いますか。

( ) さわって　みたとき。
(○) なめて　みたとき。

(2) なめて　みると　さとうは、どんな　あじですか。

さとうは、あまい　です。

(3) しおは、どんな　あじですか。ただしく　かいて　ある　ことばに　○を　つけましょう。

( ) しっぱいです。
(○) しょっぱいです。
( ) しょぱいです。

33 頁

とん　こと　とん

なまえ

つぎの　ぶんしょうを　2かい　よんで　こたえましょう。

ねずみが　さんぽから　かえると　ゆかの　したから、おとが　きこえます。

1

ねずみは、ゆかを　たたきました。

とん　こと　とん。

へんじが　ありません。

だれかが、とびらを　たたきました。

2

「きみの　いえの　したに、ひっこして　きた　もぐらです。よろしくね。」

ふたりは、㋐なかよしに　なりました。

(令和二年度版　東京書籍　あたらしい　こくご　一上　ふしか　えつこ)

1

(1) ねずみは、どこを　たたきましたか。

ゆか

(2) ねずみが　ゆかを　たたくと　どんな　おとが　しましたか。うえの　ぶんしょうに　――せんを　ひきましょう。

2

(1) とびらを　たたいたのは　だれですか。

もぐら

(2) ねずみと　だれが　㋐なかよしに　なりましたか。○を　つけましょう。

( ) うさぎ
(○) もぐら

34 頁

どう　やって　みを　まもるのかな　(1)

なまえ

つぎの　ぶんしょうを　2かい　よんで　こたえましょう。

これは、やまあらしです。

やまあらしの　せなかには、ながくて　かたい　とげが　あります。

どのように　して　㋐みを　まもるのでしょう。

(令和二年度版　東京書籍　あたらしい　こくご　一上)

(1) なんと　いう　どうぶつの　ことを　かいて　いますか。

やまあらし

(2) やまあらしの　せなかには、なにが　ありますか。

ながくて　かたい　とげ

(3) ㋐みを　まもる　とは、なにを　まもる　こと　ですか。○を　つけましょう。

( ) きの　みの　たね。
(○) じぶんの　からだ。

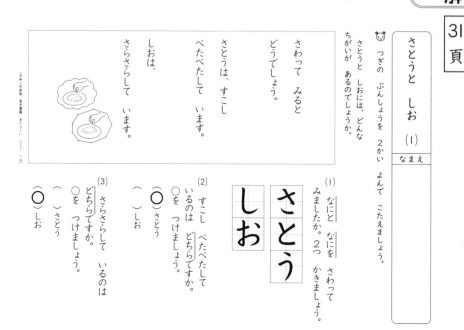

本書の解答は，あくまでもひとつの例です。児童に取り組ませる前に，必ず指導される方が問題を解いてください。指導される方の作られた解答をもとに，児童の多様な考えに寄り添って〇つけをお願いします。

35頁

どう やって みを まもるのかな (2)

なまえ

つぎの ぶんしょうを 2かい よんで こたえましょう。

やまあらしは、
とげを たてて、
みを まもります。
てきが きたら、
うしろむきに なって、
とげを たてます。

(令和二年度版 東京書籍 あたらしい こくご 一上)

(1) やまあらしは、どのようにして みを まもりますか。

とげを **たてて**、みを まもります。

(2) なにが きたとき、やまあらしは、とげを たてますか。

てき

(3) やまあらしは、どちらむきに なって とげを たてますか。〇を つけましょう。

( ) まえむき
(〇) うしろむき

36頁

おおきな かぶ (1)

なまえ

つぎの ぶんしょうを 2かい よんで こたえましょう。

1

おじいさんが、かぶの たねを まきました。
「あまい あまい かぶに なれ。
おおきな おおきな かぶに なれ。」

2

あまい、げんきの よい、
㋐とてつもなく おおきい かぶが できました。

(令和二年度版 東京書籍 あたらしい こくご 一上 うちだ りさこ やく)

1 (1) おじいさんは、なにを まきましたか。

かぶの たね

(2) おじいさんは、なんと いって たねを まきましたか。2つに 〇を つけましょう。

(〇) あまい かぶに なれ。
( ) まるい かぶに なれ。
(〇) おおきな かぶに なれ。

2 (1) どんな かぶが できましたか。

「**あまい**」、げんきの よい、とてつもなく「**おおきい**」かぶ。

(2) ㋐とてつもなくと おなじ ことを あらわす ものに 〇を つけましょう。

( ) いつもどおりの。
(〇) びっくりするぐらいの。

※「おおきなかぶ」(内田 莉莎子 訳)の教材は 令和二年度版 教育出版 ひろがることば しょうがくこくご 一上 にも 掲載されています。

37頁

おおきな かぶ (2)

なまえ

つぎの ぶんしょうを 2かい よんで こたえましょう。

おじいさんは、
かぶを ぬこうと
しました。
「うんとこしょ、
どっこいしょ。」
㋐、かぶは
ぬけません。

(令和二年度版 東京書籍 あたらしい こくご 一上 うちだ りさこ やく)

(1) かぶを ぬこうと したのは、だれですか。

おじいさん

(2) おじいさんは、なんと いって かぶを ぬこうと しましたか。

うんとこしょ、どっこいしょ。

(3) ㋐に はいる ことばに 〇を つけましょう。

( ) それから
(〇) ところが

※「おおきなかぶ」(内田 莉莎子 訳)の教材は 令和二年度版 教育出版 ひろがることば しょうがくこくご 一上 にも 掲載されています。

38頁

おおきな かぶ (3)

なまえ

つぎの ぶんしょうを 2かい よんで こたえましょう。

おじいさんは、
おばあさんを
よんで きました。
おばあさんが
おじいさんを
ひっぱって、
おじいさんが
かぶを ひっぱって、
「うんとこしょ、
どっこいしょ。」
㋐、かぶは
ぬけません。

(令和二年度版 東京書籍 あたらしい こくご 一上 うちだ りさこ やく)

(1) おじいさんは、だれを よんで きましたか。

おばあさん

(2) おじいさんは なにを もって ひっぱって いますか。

かぶ

(3) おばあさんは だれを もって ひっぱって いますか。

おじいさん

(4) ㋐に はいる ことばに 〇を つけましょう。

( ) それから
(〇) それでも

※「おおきなかぶ」(内田 莉莎子 訳)の教材は 令和二年度版 教育出版 ひろがることば しょうがくこくご 一上 にも 掲載されています。

39頁

おおきな かぶ (4)

なまえ

つぎの ぶんしょうを 2かい よんで こたえましょう。

おばあさんは、㋐まごを
よんで きました。
まごが おばあさんを
ひっぱって、
おばあさんが
おじいさんを
ひっぱって、
おじいさんが
かぶを
ひっぱって、
「うんとこしょ、
どっこいしょ。」
㋑、かぶは
ぬけません。

(令和二年度版　東京書籍　あたらしい　こくご　一上　うちだ　りさこ　やく)

(1) おばあさんは、だれを よんで きましたか。

まご

(2) ㋐まごと おなじ ことを あらわす ものに ○を つけましょう。

( ) おばあさんの いもうとの いもうと
(○) おばあさんの こどもの こども
( ) おばあさんの こども

(3) まごが ひっぱって いるのは だれですか。

おばあさん

(4) ㋑に はいる ことばに ○を つけましょう。

(○) まだ まだ
( ) そろ そろ
( ) とう とう

※「おおきなかぶ」(内田　莉沙子　訳) の教材は　令和二年度版　教育出版　ひろがることば　しょうがくこくご　一上　にも　掲載されています。

40頁

おおきな かぶ (5)

なまえ

つぎの ぶんしょうを 2かい よんで こたえましょう。

まごは、いぬを
よんで きました。
いぬが まごを
ひっぱって、
まごが おばあさんを
ひっぱって、
おばあさんが
おじいさんを
ひっぱって、
おじいさんが
かぶを
ひっぱって、
「うんとこしょ、
どっこいしょ。」
まだ まだ、
まだ まだ、
㋐。

(令和二年度版　東京書籍　あたらしい　こくご　一上　うちだ　りさこ　やく)

(1) まごは、だれを よんで きましたか。

いぬ

(2) いぬは だれを もって ひっぱって いますか。

まご

(3) かぶを もって いるのは、だれですか。

おじいさん

(4) ㋐に はいる ことばに ○を つけましょう。

( ) ぬけました
(○) ぬけません

※「おおきなかぶ」(内田　莉沙子　訳) の教材は　令和二年度版　教育出版　ひろがることば　しょうがくこくご　一上　にも　掲載されています。

41頁

おおきな かぶ (6)

なまえ

つぎの ぶんしょうを 2かい よんで こたえましょう。

いぬは、ねこを
よんで きました。
ねこが いぬを
ひっぱって、
いぬが まごを
ひっぱって、
まごが おばあさんを
ひっぱって、
おばあさんが
おじいさんを
ひっぱって、
おじいさんが
かぶを
ひっぱって、
「うんとこしょ、
どっこいしょ。」
それでも、かぶは
ぬけません。

(令和二年度版　東京書籍　あたらしい　こくご　一上　うちだ　りさこ　やく)

(1) いぬは、だれを よんで きましたか。

ねこ

(2) ねこは だれを もって ひっぱって いますか。

いぬ

(3) まごは だれを もって ひっぱって いますか。

おばあさん

(4) かぶは、どう なりましたか。ぶんの ことばを かきましょう。

それでも、かぶは ぬけません。

※「おおきなかぶ」(内田　莉沙子　訳) の教材は　令和二年度版　教育出版　ひろがることば　しょうがくこくご　一上　にも　掲載されています。

42頁

おおきな かぶ (7)

なまえ

つぎの ぶんしょうを 2かい よんで こたえましょう。

ねこは、ねずみを
よんで きました。
ねずみが ねこを
ひっぱって、
ねこが いぬを
ひっぱって、
いぬが まごを
ひっぱって、
まごが おばあさんを
ひっぱって、
おばあさんが おじいさんを
ひっぱって、
おじいさんが かぶを
ひっぱって、
「うんとこしょ、
どっこいしょ。」
やっと、かぶは
ぬけました。

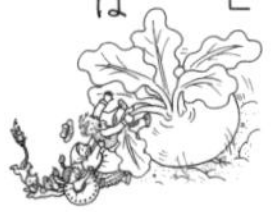

(令和二年度版　東京書籍　あたらしい　こくご　一上　うちだ　りさこ　やく)

(1) どんな じゅんばんで かぶを ひっぱりましたか。□に ことばを かきましょう。

ねずみ → ねこ → **いぬ** → まご → **おばあさん** → おじいさん → かぶ

(2) かぶは、どう なりましたか。ぶんの ことばを かきましょう。

やっと、かぶは ぬけました。

※「おおきなかぶ」(内田　莉沙子　訳) の教材は　令和二年度版　教育出版　ひろがることば　しょうがくこくご　一上　にも　掲載されています。

解答例

本書の解答は，あくまでもひとつの例です。児童に取り組ませる前に，必ず指導される方が問題を解いてください。指導される方の作られた解答をもとに，児童の多様な考えに寄り添って○つけをお願いします。

43頁

全文読解《ぜんぶんどっかい》

おおきな かぶ (8)

なまえ

きょうかしょの 「おおきなかぶ」を よんで こたえましょう。

(1) かぶの たねを うえたのは だれですか。

おじいさん

(2) どんな かぶが できましたか。3つに ○を つけましょう。

(○) あまい かぶ
(○) おおきい かぶ
( ) ちいさい かぶ
(○) げんきの よい かぶ

(3) ひとや どうぶつは どんな じゅんばんで でて きましたか。( ) に すうじを かきましょう。

(1) おじいさん
(4) いぬ
(3) まご
(5) ねこ
(6) ねずみ
(2) おばあさん

(4) みんなで ひっぱったら、かぶは どうなりましたか。○を つけましょう。

( ) それでも、かぶは ぬけません。
(○) やっと、かぶは ぬけました。
( ) ところが、かぶは ぬけません。

44頁

あるけ あるけ

なまえ

つぎの ぶんを 2かい よんで こたえましょう。

1

あるけ あるけ
つるみ まさお

どこどん どこどん
あるけ あるけ
ちきゅうの たいこ
㋐みんなの あしで
たたいて あるけ
そら
どこどん どこどん
あるけ

1 (1) なにを ㋐みんなの あしで たたいて あるけ と かいて ありますか。

ちきゅう の たいこ

(2) ちきゅうの たいこを みんなの あしで たたいた ときの おとを かきましょう。

どこどん どこどん

45頁

2

どこどん どこどん
あるけ あるけ
ちきゅうの うらで
だれかの あしも
たたいて いるよ
ほら
どこどん どこどん
あるけ

(令和二年度版 東京書籍 あたらしい こくご 一上 つるみ まさお)

2 (1) 2の ぶんの なかに つぎの ことばは なんかい でて きますか。

① どこどん **4** かい
② あるけ **3** かい
③ ほら **1** かい

(2) この しを よむと どんな きもちに なりますか。○を つけましょう。

( ) さみしく なる。
(○) げんきに なる。
( ) かなしく なる。

46頁

おおきく なあれ

なまえ

つぎの ぶんを 2かい よんで こたえましょう。

1

おおきく なあれ
さかた ひろお

あめの つぶつぶ
ブドウ《ぶどう》に はいれ
ぷるん ぷるん ちゅるん
ぷるん ぷるん ちゅるん
おもく なれ
あまく なれ

1 (1) あめの つぶつぶは なにに はいれと いって いますか。

ブドウ

(2) ブドウ《ぶどう》は、どう なって ほしいのですか。ぶんの ことばを かきましょう。

おもく なれ
あまく なれ

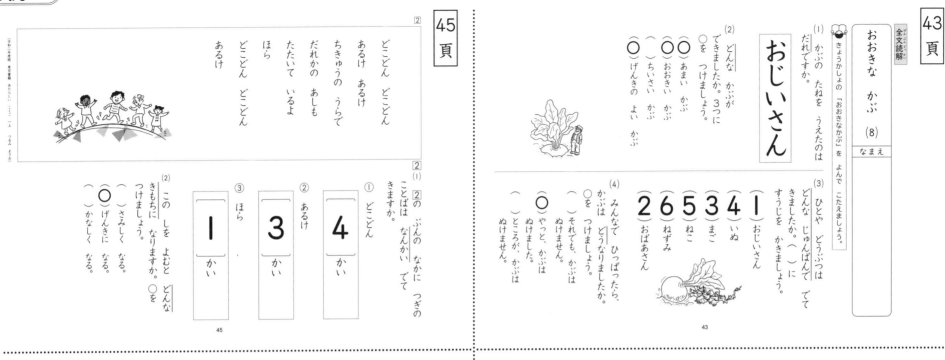

47頁

2

あめの　つぶつぶ
リンゴ《りんご》に　はいれ
ぷるん　ぷるん　ちゅるん
ぷるん　ぷるん　ちゅるん
おもく　なれ
あかく　なれ

（令和二年度版　東京書籍　あたらしい　こくご　一上　さかた　ひろお）

2
(1) あめの　つぶつぶは　なにに　はいれと　いって　いますか。

リンゴ

(2) あめの　つぶつぶが　リンゴ《りんご》に　はいる　ときの　ようすが　わかる　ことばを　かきましょう。

ぷるん　ぷるん　ちゅるん

(3) リンゴ《りんご》は、どう　なって　ほしいのですか。ぶんの　ことばを　かきましょう。

おもく　なれ
あかく　なれ

48頁

ちいさい　やゆよ　こんな　こと　したよ

なまえ

つぎの　ぶんしょうを　2かい　よんで　こたえましょう。

1

かいじゅう
ひゃっぴき
ちきゅうの
うえで
ちゅうがえり

（令和二年度版　東京書籍　あたらしい　こくご　一上　「ちいさい　やゆよ」による）

2

なまえ　もり　けんた

ひるやすみに、おにごっこをしました。ぼくは、さいごまでつかまらずに、にげることができました。

（令和二年度版　東京書籍　あたらしい　こくご　一上　「こんな　こと　したよ」による）

1
(1) かいじゅうは、なんびき　いますか。

ひゃっぴき

(2) かいじゅうは、どこで　ちゅうがえりを　しましたか。

ちきゅうの　うえ。

2
(1) ひるやすみに　なにを　しましたか。

おにごっこ

(2) けんたくんは、おにごっこで　さいごは、どう　なりましたか。○を　つけましょう。

（　）とちゅうで　つかまった。
（○）さいごまで　つかまらなかった。

49頁

かいがら (1)

なまえ

つぎの　ぶんしょうを　2かい　よんで　こたえましょう。

1

くまの　こが、
うさぎの　こに
いいました。
あ「うみで　かいがらを
ひろって　きたよ。」
い「きれいね。みんな、
ちがう　いろ。」

2

う「うさぎちゃん、
どれが　すき。」
え「これよ。これが
いちばん　すき。」
うさぎの　こは、
しまもようの　かいがらを
さしました。

※さしました。…ゆびをさしました。

（令和二年度版　東京書籍　あたらしい　こくご　一上　もりやま　みやこ）

1
(1) あいの　ことばは　だれが　いった　ことばですか。

あ　くまの　こ
い　うさぎの　こ

(2) くまの　こは、どこで　かいがらを　ひろって　きましたか。

うみ

2
(1) うえの　ことばは　だれが　いった　ことばですか。

う　くまの　こ
え　うさぎの　こ

(2) うさぎの　こが　いちばん　すきな　かいがらに　○をつけましょう。

（○）しまもようの　かいがら
（　）ももいろの　かいがら

50頁

かいがら (2)

なまえ

つぎの　ぶんしょうを　2かい　よんで　こたえましょう。

うさぎの　こは「これが　いちばん　すき。」と　いって　しまもようの　かいがらを　さしました。

1

あ「ああ、ぼくと
いっしょだ。」
くまの　こも、
おなじ　ものが
いちばん　すきでした。

2

もし、うさぎの　こが
ももいろの　かいがらを
すきだと　いったら、
くまの　こは、おみやげに
あげる　つもりでした。

（令和二年度版　東京書籍　あたらしい　こくご　一上　もりやま　みやこ）

1
(1) あ「ああ、ぼくと　いっしょだ。」と　いったのは、だれですか。

くまの　こ

(2) くまの　こが　いちばん　すきな　かいがらに　○を　つけましょう。

（　）ももいろの　かいがら
（○）しまもようの　かいがら

2
(1) くまの　こは、①だれに　②なにを　あげる　つもりでしたか。

① だれ（に）
うさぎの　こに

② なに（を）
ももいろの　かいがらを　あげる　つもりでした。

解答例

本書の解答は，あくまでもひとつの例です。児童に取り組ませる前に，必ず指導される方が問題を解いてください。指導される方の作られた解答をもとに，児童の多様な考えに寄り添って○つけをお願いします。

51頁

かいがら (3)

なまえ

つぎの　ぶんしょうを　2かい　よんで　こたえましょう。

もし、うさぎの　こが　ももいろの　かいがらを　すきだと　いったら、くまの　こは、おみやげに　あげる　つもりでした。

1

ももいろの
かいがらは、二《に》ばんめに
㋐きに　いって　いた
ものなのです。

2

くまの　こは、どう
しようかと　おもいました。
そして、かいがらを
㋑そっと　しまって、うちへ
かえりました。

（令和二年度版　東京書籍　あたらしい　こくご　一上　もりやま　みやこ）

1

(1) ㋐きに　いって　と　おなじ　ことを　あらわす　ものに　○を　つけましょう。

（○）すきに　なって。
（　）いやな　きもちに　なって。

(2) くまの　こは、ももいろの　かいがらを　なんばんめに　きに　いって　いましたか。

［二］ばんめ

2

(1) くまの　こが、㋑そっと　しまった　ものは　なにですか。

かいがら

(2) くまのこは　どこへ　かえりましたか。

うち

52頁

すずめの　くらし (1)

なまえ

つぎの　ぶんしょうを　2かい　よんで　こたえましょう。

のはらに、ちゃいろの
㋐ことりが　います。
すずめです。

なにを　して
いるのでしょう。

（令和二年度版　教育出版　ひろがることば　しょうがくこくご　一上）

(1) この　おはなしに　でてきた　㋐ことりは　なんという　とりですか。

すずめ

(2) ㋐ことりは　どこに　いますか。

のはら

(3) ㋐ことりは　なにいろですか。

ちゃ　いろ

53頁

すずめの　くらし (2)

なまえ

つぎの　ぶんしょうを　2かい　よんで　こたえましょう。

のはらに　いる　すずめは、なにを　して　いるのでしょう。

すずめは、たべものを
さがして　いるのです。
じめんを　つついて、
くさの　たねを
たべて　います。

（令和二年度版　教育出版　ひろがることば　しょうがくこくご　一上）

(1) すずめは、なにを　して　いますか。○を　つけましょう。

（○）たべものを　さがして　いる。
（　）すを　つくって　いる。

(2) すずめは　なにを　つついて　いますか。

じめん

(3) すずめは、なにを　たべて　いますか。

くさの　［たね］

54頁

だれが、たべたのでしょう (1)

なまえ

つぎの　ぶんしょうを　2かい　よんで　こたえましょう。

ちぎれた　木《こ》のはが、
おちて　います。
はの
まんなかだけが、
かじられた
ものも
あります。
だれが、木《こ》のはを
たべたのでしょう。

（令和二年度版　教育出版　ひろがることば　しょうがくこくご　一上）

(1) どんな　木《こ》のはが　おちて　いますか。二《ふた》つ　かきましょう。

ちぎれた　木《こ》のは。

はの　［まんなか］　だけが、［かじられた］　木《こ》のは。

(2) たずねて　いる　ぶんは　どちらですか。○を　つけましょう。

（　）ちぎれた　木《こ》のはが、おちて　います。
（○）だれが、木《こ》のはを　たべたのでしょう。

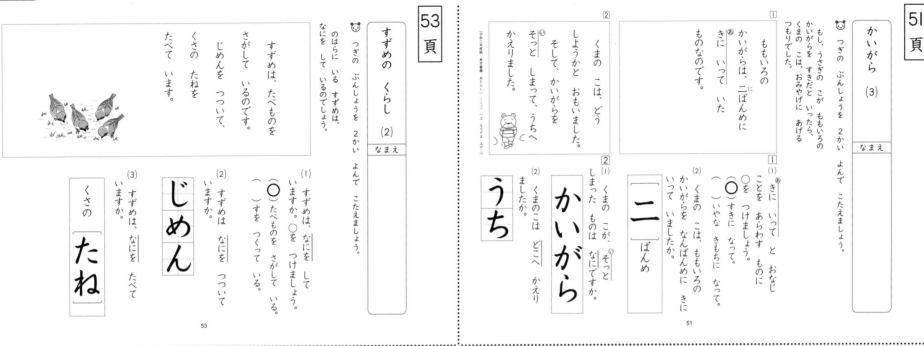

55頁（56頁は略）

だれが、たべたのでしょう (2)

なまえ

つぎの ぶんしょうを 2かい よんで こたえましょう。

1

むささびが、木《こ》のはを たべたのです。むささびは、木《こ》のはを かみきって たべます。

2

山《やま》や もりでは、いろいろな どうぶつの たべた あとが みつかります。

（令和二年度版 教育出版 ひろがることば しょうがくこくご 一上）

1

(1) だれが 木《こ》のはを たべたのですか。

むささび

(2) むささびは、木《こ》のはを どうやって たべますか。

かみきって たべます。

2

(1) 山《やま》や もりでは、なにが みつかりますか。

いろいろな どうぶつの たべた あとが みつかります。

59頁（60・61頁は略）

ことばあそび ことばみつけ

なまえ

(1) かくれた ことばを みつけて ○で かこみましょう。えを みて みつけた ことばを かきましょう。

な	す	び	に	
だ	い	こ	ん	ご
	か	ま	じ	ぼ
	め		ん	う

やさいが 5つ かくれて いるよ

ごぼう　なすび　すいか　にんじん　だいこん

(2) かくれた ことばを みつけて ○で かこみましょう。えを みて みつけた ことばを かきましょう。

	こ		ぞ	う
き	り	ん		ぱ
い	ら	い	お	ん
ろ			り	だ

どうぶつが 5つ かくれて いるよ

ぞう　ぱんだ　きりん　ごりら　らいおん

57頁（58頁は略）

「゛」や「゜」の つく じ (2)

なまえ

(1) えを みて ことばを かきましょう。□で かこんだ じに 「゛」を つけて かきましょう。

① ふた → ぶた

② くし → くじ

③ さる → ざる

④ たい → だい

(2) えを みて ことばを かきましょう。□で かこんだ じに 「゛」か「゜」を つけて かきましょう。

① だんご

② ぱん

③ たんぽぽ

④ まど

⑤ ばら

⑥ えんぴつ

62頁（63頁は略）

ぶんを つくろう (3)

なまえ

(1) えを みて 「○○が いる。」の ぶんを かきましょう。

① かえるが いる。

② かめが いる。

③ こいが いる。

(2) えを みて 「○○が どうする。」の ぶんを かきましょう。

① いぬが たべる。

② いぬが ほえる。

③ ねこが ねる。

④ ねこが あそぶ。

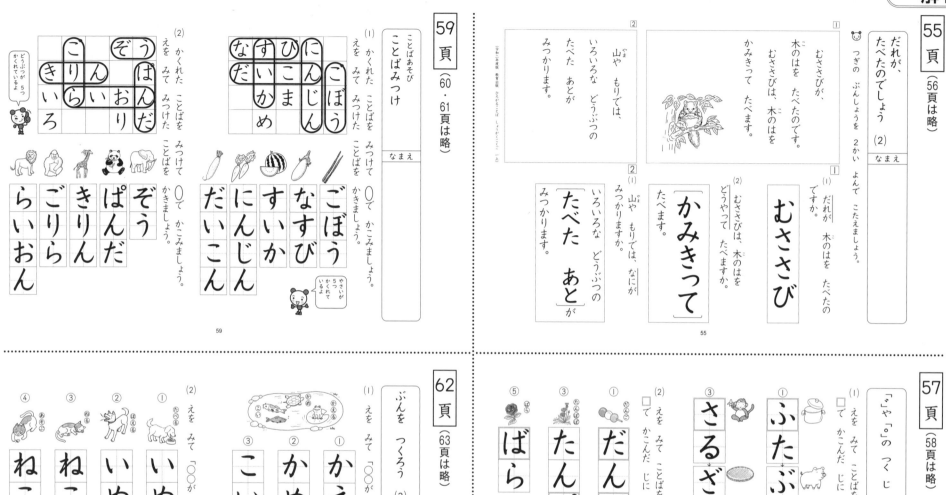

解答例

本書の解答は，あくまでもひとつの例です。児童に取り組ませる前に，必ず指導される方が問題を解いてください。指導される方の作られた解答をもとに，児童の多様な考えに寄り添って○つけをお願いします。

64頁

はをへを つかおう

くっつきの「は」(2)

なまえ

(1) えを みて、ぶんを かきましょう。

①

あめは、あまい。
あめは、あまい。

②

ゆきは、しろい。
ゆきは、しろい。

③

からすは、くろい。
からすは、くろい。

(2) えを みて、ぶんを かきましょう。

①

はちは、とぶ。
はちは、とぶ。

②

ほしは、ひかる。
ほしは、ひかる。

③

さかなは、およぐ。
さかなは、およぐ。

65頁

(66頁は略)

はをへを つかおう

くっつきの「は」(3)

なまえ

(1) えを みて、「○○は――。」の ぶんを つくりましょう。
――の ことばを □ から えらんで かきましょう。

あまい　くろい　しろい

①

あめは、あまい。

②

ゆきは、しろい。

③

からすは、くろい。

(2) えを みて、「○○は――。」の ぶんを つくりましょう。
――の ことばを □ から えらんで かきましょう。

とぶ　およぐ　ひかる　さく

①

はちは、とぶ。

②

ほしは、ひかる。

③

さかなは、およぐ。

④

はなは、さく。

67頁

はをへを つかおう

くっつきの「を」(2)

なまえ

(1) えを みて ぶんを かきましょう。

①

ふくを きる。
ふくを きる。

②

ほんを よむ。
ほんを よむ。

③

かばんを もつ。
かばんを もつ。

(2) えを みて ぶんを かきましょう。
「を」と 「お」に きを つけましょう。

①

かおを あらう。
かおを あらう。

②

おんがくを きく。
おんがくを きく。

68頁

(69・70頁は略)

はをへを つかおう

くっつきの「を」(3)

なまえ

(1) えを みて、「○○を――。」の ぶんを つくりましょう。
――の ことばを □ から えらんで かきましょう。

①

ごはんを たべる。

②

ふくを きる。

③

ほんを よむ。

④

かばんを もつ。

たべる　もつ　よむ　きる

(2) えを みて ぶんを つくりましょう。□に あう じを えらんで かきましょう。

①

かおを あらう。 (お・を　お・を)

②

おんがくを きく。 (お・を　お・を)

③

おりがみを おる。 (お・を　お・を　お・を)

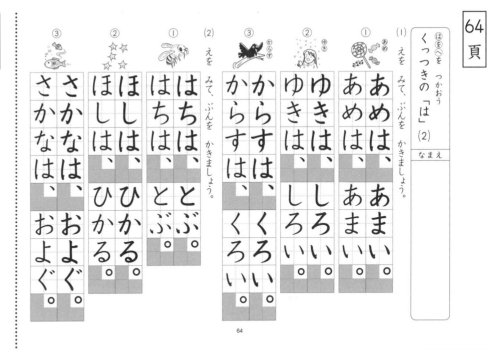

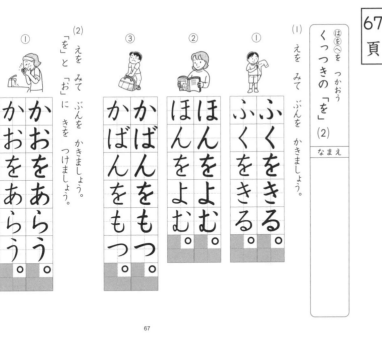

71頁 （72・73頁は略）

はをへを つかおう
くっつきの「へ」 (3)

なまえ

(1) えを みて、「○○へ ——。」の ぶんを つくりましょう。
—— の ことばを □から えらんで かきましょう。

いく　いく　かえる

①  やま《やま》
やまへ いく。

②  うみ《うみ》
うみへ いく。

③  いえ《いえ》
いえへ かえる。

(2) えを みて ぶんを つくりましょう。□に あう じを えらんで かきましょう。

① 
まえ《え・へ》へ《え・へ》すすむ。

② 
え《え・へ》きへ《え・へ》いく。

③ 
へ《え・へ》やへ《え・へ》はいる。

74頁 （75・76頁は略）

はをへを つかおう
くっつきの「は」「を」「へ」 (3)

なまえ

(1) えを みて ぶんを つくりましょう。□に あう じを えらんで かきましょう。

① 
ぼくは《わ・は》、むしを《お・を》とる。

② 
とりは《わ・は》、そらを《お・を》とぶ。

③ 
ぼくは《わ・は》、えを《お・を》かく。

④ 
くまは《わ・は》、もりへ《え・へ》かえる《え・へ》。

(2) えを みて ぶんを つくりましょう。「は」「を」「へ」から えらんで かきましょう。

① 
うしは、くさを たべる。

② 
わたしは、えきへ いく。

77頁 （78・79頁は略）

ちいさい「っ」 (3)

なまえ

(1) えを みて ことばを かきましょう。

①  きつね《きつね》
きつね

②  かつお《かつお》
かつお

(2) ちがう ところに きを つけましょう。えを みて ことばを かきましょう。

① 
ねこ
↓
 ねっこ《ねっこ》
ねっこ

② 
まち
↓
 まっち《まっち》
まっち

(3) えを みて ことばを よみましょう。□に きを つけて かきましょう。

①  ばった《ばった》
ばった

② 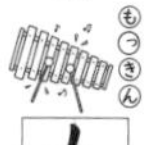 もっきん《もっきん》
もっきん

③  らっこ《らっこ》
らっこ

④  かっぱ《かっぱ》
かっぱ

⑤  ろけっと《ろけっと》
ろけっと

⑥  しっぽ《しっぽ》
しっぽ

80頁 （81・82頁は略）

のばす おん (3)
あ・い・う・え

なまえ

えを みて ことばを かきましょう。

あ
 おかあさん《おかあさん》
おかあさん
 おばあさん《おばあさん》
おばあさん

い
 おじいさん《おじいさん》
おじいさん
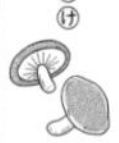 しいたけ《しいたけ》
しいたけ

う
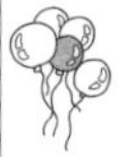 ふうせん《ふうせん》
ふうせん
 すうじ《すうじ》
すうじ

え
 おねえさん《おねえさん》
おねえさん

 とけい《とけい》
とけい

 せんせい《せんせい》
せんせい
 せんべい《せんべい》
せんべい

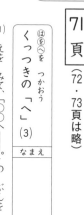

解答例

本書の解答は，あくまでもひとつの例です。児童に取り組ませる前に，必ず指導される方が問題を解いてください。指導される方の作られた解答をもとに，児童の多様な考えに寄り添って○つけをお願いします。

83頁

のばす おん (6)
お(とくべつな ながい おん)

なまえ

(1) えを みて ことばを かきましょう。

① 

おとうさん

② 

ほうき

③ 

そうじ

④ 

こうえん

② 

ぞう

(2) えを みて ことばを かきましょう。

① 

こおろぎ

② 

こおり

③ 

おおかみ

④ 

おおきいくま

とくべつな ながい おん
おおかみ こおろぎ
こおり ほのお
ほおずき ほお
とお とおる とおく
おおい おおきい

84頁

のばす おん (7)
まとめ①

なまえ

(1) えを みて のばす おんの じを □に かきましょう。

① 

おか[あ]さん

② 

おば[あ]さん

③ 

おじ[い]さん

④ 

おと[う]さん

⑤ 

おと[う]と

⑥ 

おね[え]さん

⑦ 

おに[い]さん

⑧ 

いも[う]と

(2) えを みて ただしい じを えらんで かきましょう。

① 

ぼ[う]し (う・お)

② 

とけ[い] (え・い)

③ 

せんせ[い] (え・い)

④ 

ほ[う]き (う・お)

85頁

のばす おん (8)
まとめ②

なまえ

(1) ただしい かきかたの ことばに ○を つけましょう。

① 
(○)たいよう
( )たいよお

② 
( )ひこおき
(○)ひこうき

③ 
(○)ゆうれい
( )ゆうれえ

④ 
( )ぞお
(○)ぞう

(2) えを みて ことばを かきましょう。
□に のばす おんの じを かきましょう。

① 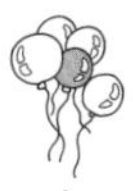
ふ[う]せん

② 
し[い]たけ

③ 
え[い]がを みに いく。

④ 

す[う]じを かく。

86頁

(87・88頁は略)

のばす おん (9)
まとめ③

なまえ

(1) ただしい かきかたの ことばに ○を つけましょう。

① 
(○)かきごおり
( )かきごうり

② 
( )おおさま
(○)おうさま

③ 
( )こうろぎ
(○)こおろぎ

④ 
(○)とお かぞえる
( )とう かぞえる

⑤ 
(○)おおきな き
( )おうきな き

⑥ 
( )そおじ
(○)そうじ

(2) えを みて、ことばを かきましょう。

① 

おおかみが とおる。

② 

おとうさんと こうえんへ いく。

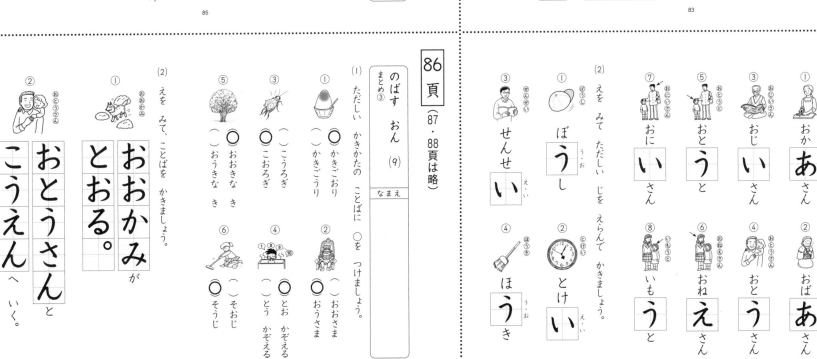

解答例

89頁（90・91頁は略）

ちいさい「ゃ」「ゅ」「ょ」 (3)

なまえ

(1) えを みて ことばを かきましょう。ちがう ところに きを つけましょう。

① かしや
② かしゃ
③ いしや
④ いしゃ
⑤ おもちや
⑥ おもちゃ
⑦ おかゆ
⑧ せんしゅ

(2) えを みて ことばを かきましょう。

① きねん しゃしん を とる。
② きんぎょ すくいを する。

92頁（93・94頁は略）

ちいさい「ゃ」「ゅ」「ょ」 (6)
のばす おん

なまえ

えを みて かきましょう。ちいさい「ゃ」「ゅ」「ょ」と のばす おんの じに きを つけましょう。

① おばけを みて、「きゃあ」と いう。
② きゅうしょく
③ やきゅう
④ りゅう
⑤ ひょう
⑥ しょうゆ
⑦ おしょうがつ
⑧ にんぎょう

ちょうちょ

ほうちょう

95頁

ちいさい「ゃ」「ゅ」「ょ」 (9)
つまる おん

なまえ

えを みて ことばを かきましょう。

① しょっき を あらう。
② ひゃっかてん へ いく。
③ ひょっとこ の おめん
④ しゃっくり が でる。
⑤ ひゃっぽ すすむ。
⑤ むしの しょっかく

96頁

ちいさい「ゃ」「ゅ」「ょ」 (10)
まとめ①

なまえ

(1) えと あう ことばを ――せんで むすびましょう。

①（ア）—— びょういん
①（イ）—— びよういん
②（ア）—— いしや
②（イ）—— いしゃ

(2) つぎの ことばを ただしく かきなおしましょう。

① しやしん → しゃしん
② きんぎよ → きんぎょ
③ きやべつ → きゃべつ
④ かぼちや → かぼちゃ

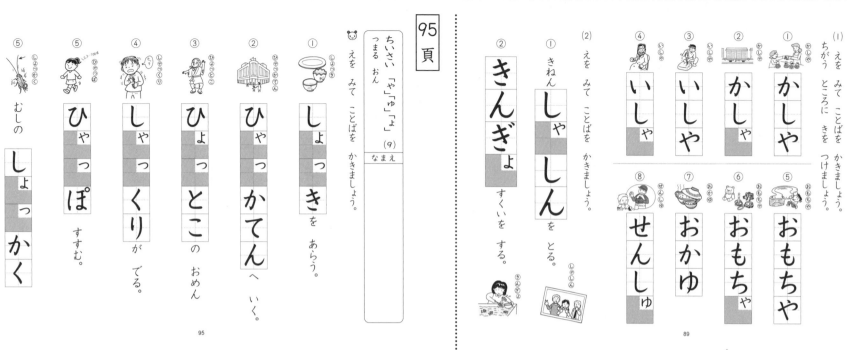

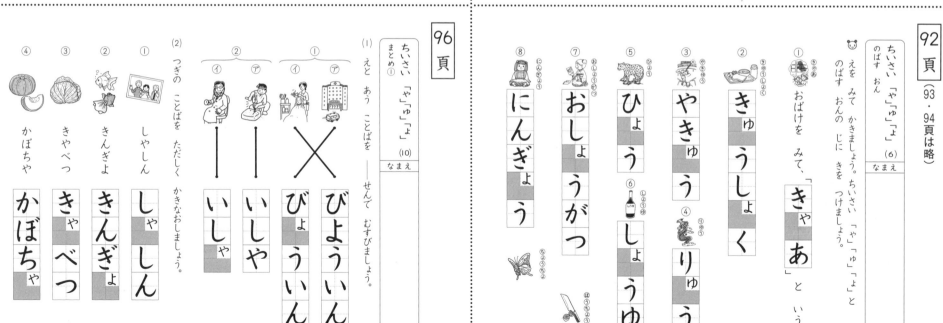

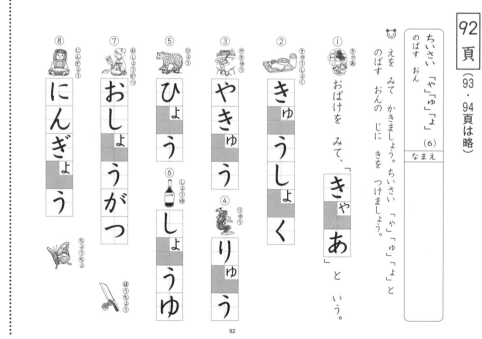

本書の解答は，あくまでもひとつの例です。児童に取り組ませる前に，必ず指導される方が問題を解いてください。指導される方の作られた解答をもとに，児童の多様な考えに寄り添って○つけをお願いします。

97頁

ちいさい「ゃ」「ゅ」「ょ」まとめ② (11) なまえ

(1) つぎの ことばを ただしく かきなおしましょう。

① きゆうり　きゅうり

② ぎゆうにゆう　ぎゅうにゅう

③ きようりゆう　きょうりゅう

④ ちようちよ　ちょうちょ

(2) えを みて ことばを かきましょう。

① じょうろ　じょうろ

② ちゅうしゃ　ちゅうしゃ

③ きゅうしょく　きゅうしょく

98頁 (99・100頁は略)

ちいさい「ゃ」「ゅ」「ょ」まとめ③ (12) なまえ

(1) つぎの ことばを ただしく かきなおしましょう。

① しゆつぱつ　しゅっぱつ

② しよつき　しょっき

③ ひやつぴき　ひゃっぴき

④ しやつくり　しゃっくり

(2) えを みて，ただしい ことばに ○を つけましょう。

① ( ) ほうちよう (○) ほうちょう

② (○) にんぎょう ( ) にんぎよう

③ ( ) しよつかく (○) しょっかく ( ) しょつかく

④ ( ) ひやつかてん ( ) ひゃつかてん (○) ひゃっかてん

101頁 (102・103頁は略)

ことばあそびうたを つくろう (3) なまえ

(1) おとや ようすから おもいうかぶ ことばを □ から えらんで かきましょう。

たべもの

① つるつる　うどん

② ぷるぷる　ぷりん

③ ほかほか　ごはん

④ ふわふわ　わたあめ

ごはん　うどん　わたあめ　ぷりん

(2) なきごえや ようすから おもいうかぶ ことばを □ から えらんで かきましょう。

どうぶつ

① わんわん　いぬ

② けろけろ　かえる

③ もこもこ　ひつじ

かえる　いぬ　ひつじ

104頁

かんじの はなし (3) なまえ

(1) どんな かんじが できましたか。——せんで むすびましょう。

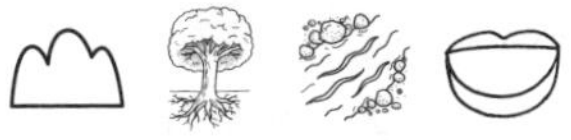

① → 口

② → 川

③ → 木

④ → 山

木　川　口　山

(2) えや しるしを かんじに なおして かきましょう。かんじは □ から えらびましょう。

① つくえの  下 に かくれる。

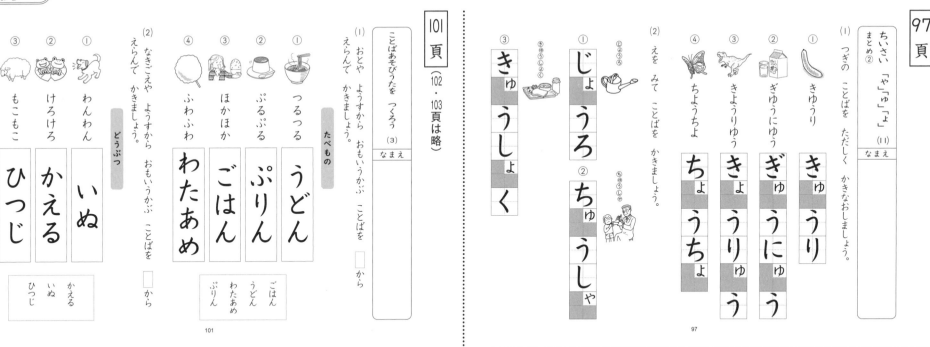

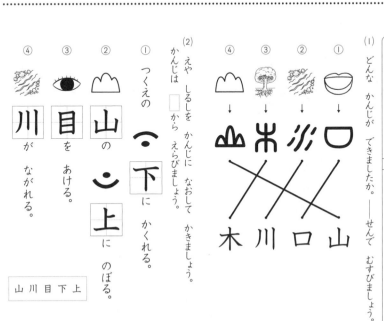

② 山 の  上 に のぼる。

③ 目 を あける。

④ 川 が ながれる。

山 川 目 下 上

喜楽研の支援教育シリーズ

もっと　ゆっくり　ていねいに学べる　個別指導に最適

読解ワーク　基礎編　1-①

光村図書・東京書籍・教育出版の
教科書教材などより抜粋

2023年3月1日

イ ラ ス ト：山口　亜耶　他
表紙イラスト：山口　亜耶
表紙デザイン：エガオデザイン
企 画 ・ 編 著：原田　善造・あおい　えむ・今井　はじめ・さくら　りこ
中　あみ・中　えみ・中田　こういち・なむら　じゅん
はせ　みう・ほしの　ひかり・堀越　じゅん・みやま　りょう（他４名）
編 集 担 当：堀江　優子

発　行　者：岸本　なおこ
発　行　所：喜楽研（わかる喜び学ぶ楽しさを創造する教育研究所：略称）
〒604-0827　京都府京都市中京区高倉通二条下ル瓦町 543-1
TEL 075-213-7701　FAX 075-213-7706　HP https://www.kirakuken.co.jp
印　　　刷：株式会社米谷

ISBN : 978-4-86277-409-5

Printed in Japan